KB057475

적중 완전 길일 선택으로 가는 길

정석 택일명감

배성한 편저

☆ 택일의 기초 요령
☆ 택일 종류와 5대 분류
☆ 택일 하는 방법
☆ 일반택일 결혼택일 이사 입택 상장문
☆ 각종 가정행사 진행 절차와 방법

지식의 중심
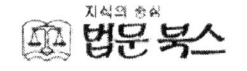 법문북스

머 리 말

좋은날을 뽑는 擇日이란 大端히 좋은 用語이다. 우리들의 生活周邊은 恒常 凶과 吉이 맴돌고 있을뿐 아니라 모든 사람들은 나쁜것 보다는 좋은것을 先擇하려고 온갖 努力라 擇日을 하는 事例는 얼마든지 있다.

擇日의 重要性은 現代에 있어서도 그려하지만 앞으로 科學文明이 極致로 發達되어도、이 方法과 制度는 좀처럼 없어지지는 않을 것이다.

擇日을 通하여 얻은 事例인데 옛날옛적에 健康하고 勇敢하며 씩씩한 靑年이 있었는데 遠行后부터 시들시들 病苦에 시달려 面藥이 無效이고 죽어가고 있었다. 하는수 없어 父母任들께서는 고심한 끝에 名聲높은 日官을 찾아가서 相議하였든바 某月某日某時 선왕당 앞에 가서 기도하라! 그러면 효험을 얻을 것이다 라고 하였다. 日官의 말데로 그렇게 하였든바 그 靑年은 깨끗하게 完治되었다는、傳說이 있다.

그시각에 患者의 三代祖가 많은 軍事를 거느리고 그날 그시각에 그곳을 지나 가다가 三代孫이 惡質鬼神에게 시달리고 있는 것을 보고 당장 잡아 선왕당에 바쳤기 때문이다.

이러한 傳說을 나은 擇日은 大端히 重要한 學問임에는 틀림이 없다.

擇日의 基本이 되는 天機大要나 協吉通議의 吳髓는 그 法例가 探奧活繁하여 일반이 알기 어려워 本書에는 쉽게 現代版으로 꾸미고져 가장 쉽게 가장 정확하게 하는 사명감에서 본서를 製作하는데 역점을 두었으서 本書로 하여금 祖上들의 「얼」을 되살려 가는데 도움이 되었음 좋겠다.

平凡한 現象가운데 眞理를 파악하라는 이치와도 같이 둥굴게 좋은 것이 좋다는 뜻으로

봐두었으면 하는 권고의 말씀을 드리는 바입니다.

著者 씀

제 一편 擇日의 기초要領

제二편　擇日하는　方法

— 9 —

— 15 —

― 22 ―

제一장 擇日의 기초지식

1. 日干을 정하는 法

월별	年月 候節	甲己年	乙庚年	丙辛年	丁壬年	戊癸年
一月	입춘	丙寅	戊寅	庚寅	壬寅	甲寅
二月	경첩	丁卯	己卯	辛卯	癸卯	乙卯
三月	청명	戊辰	庚辰	壬辰	甲辰	丙辰
四月	입하	己巳	辛巳	癸巳	乙巳	丁巳
五月	망종	庚午	壬午	甲午	丙午	戊午
六月	소서	辛未	癸未	乙未	丁未	己未
七月	입추	壬申	甲申	丙申	戊申	庚申
八月	백로	癸酉	乙酉	丁酉	己酉	辛酉
九月	한로	甲戌	丙戌	戊戌	庚戌	壬戌
十月	입동	乙亥	丁亥	己亥	辛亥	癸亥
十一月	대설	丙子	戊子	庚子	壬子	甲子
十二月	소한	丁丑	己丑	辛丑	癸丑	乙丑

해설 앞 도표에서 보듯이 甲年과 己年의 정월의 月干은 丙이 되는 것이고、二月의 月干은 丁이 되는 것이다。이 도표는 月干을 불뿐만 아니라 四柱學에서 月柱를 정하는데 있어서도 필요한 用語입니다。즉 四柱年柱天干이 甲이나 己일 경우는 月柱支地가 寅月(정월)이면는 月柱는 丙寅이 되는 것이며 年柱天干이 乙이나 庚이며、生月이 正月生이라면 月柱는 戊寅이 되는 것이다。

時干＼日干	甲己日	乙庚日	丙辛日	丁壬日	戊癸日
子時	甲子	丙子	戊子	庚子	壬子
丑時	乙丑	丁丑	己丑	辛丑	癸丑
寅時	丙寅	戊寅	庚寅	壬寅	甲寅
卯時	丁卯	己卯	辛卯	癸卯	乙卯
辰時	戊辰	庚辰	壬辰	甲辰	丙辰
巳時	己巳	辛巳	癸巳	乙巳	丁巳
午時	庚午	壬午	甲午	丙午	戊午
未時	辛未	癸未	乙未	丁未	己未
申時	壬申	甲申	丙申	戊申	庚申
酉時	癸酉	乙酉	丁酉	己酉	辛酉
戌時	甲戌	丙戌	戊戌	庚戌	壬戌
亥時	乙亥	丁亥	己亥	辛亥	癸亥

2、時干 정하는 法

時干을 정하는 법도 역시 月干을 정하는 방법과 비슷하다。 여기서도 時干을 정하는

방법도 되고 四柱學의 時柱를 정하는 방법이다。

甲日과 己日에는 子時라면 甲子時가 되고 丑時라면 乙丑時가 되는 것이다。 四柱學에

있어서도 甲日이나 己日에 子時에 出生하였으면 時柱는 甲子時가 되는 것이며 丑時에 出

生하였으면 時柱는 乙丑時가 되는 것이다。

3、五行과 柱生相剋

五行은 木火土金水의 다섯가지가 있는데 서로 도와주는 것을 相生이라 하고、 서로 해

치는 것을 相剋이라 하는데 다음과 같다。

五行相生이란 木은 火를、 火는 土를、 土는 金을、 金은 水를、 水는 木을 生하는 것이다。

五行相剋이란 木은 土를、 土는 水를、 水는 火를、 火는 金을、 金은 木을 剋하는 것이다。

4、十干과 十二支

十干이란 甲乙丙丁戊己庚辛壬癸의 열자이며 十二支란 子(자·쥐)、 丑(축·소)、 寅

(인·범)、 卯(묘·토끼)、 辰(진·용)、 巳(사·뱀)、 午(오·말)、 未(미·양)、

申(신·잔나비)、 酉(유·닭)、 戌(술·개)、 亥(해·돼지) 등 12가지이다。

5、六十甲子納音五行

六十甲子는 十干과 十二支를 陰은 陰끼리、 陽은 陽끼리 맞추어서 구성한 것인데 각각

納音五行이 金인데 金중에서도 海中金이 되는 것이다。 그러나 相生과 相剋은 다른 五行

六甲納音法

甲子乙丑 海中金 해중금	甲戌乙亥 山頭火 산두화	甲申乙酉 泉中水 천중수	甲午乙未 沙中金 사중금	甲辰乙巳 覆燈火 복등화	甲寅乙卯 大溪水 대계수
丙寅丁卯 盧中火 노중화	丙子丁丑 潤下水 간하수	丙戌丁亥 屋上土 옥상토	丙申丁酉 山下火 산하화	丙午丁未 天河水 천하수	丙辰丁巳 沙中土 사중토
戊辰己巳 大林木 대림목	戊寅己卯 城頭土 성두토	戊子己丑 霹靂火 벽력화	戊戌己亥 平地木 평지목	戊申己酉 大驛土 대역토	戊午己未 天上火 천상화
庚午辛未 路傍土 노방토	庚辰辛巳 白臘金 백납금	庚寅辛卯 松栢木 송백목	庚子辛丑 壁上土 벽상토	庚戌辛亥 釵釧金 채천금	庚申辛酉 石榴木 석류목
壬申癸酉 釼鋒金 검봉금	壬午癸未 楊柳木 양류목	壬辰癸巳 長流水 장류수	壬寅癸卯 金箔金 금박금	壬子癸丑 桑柘木 상자목	壬戌癸亥 大海水 대해수

6、九宮의 圖解

구궁도는 神龜洛書에서 온 것인바 역학에 있어서 뿌리라고도 합니다。 東은 九宮에서는 震宮이며 周易入卦로는 ☳ (震下連) 卦이며 十二支로는 卯가 되며 九宮의 기본수는 (3)에 해당하며 五行으로는 木에 해당합니다。 다른 各宮에서도 이런식으로 해당합니다。 다음 도표를 참고하기 바란다。

巽下絕 (4) ☴ 辰 巳 木	离虛中 (9) ☲ 午 火 南	坤三絕 ☷ 未 申 土
震下連 (3) ☳ 東 卯 木		兌上絕 (7) ☱ 西 酉 金
艮上連 (8) ☶ 丑 寅 土	坎中連 (1) ☵ 子 水 北	乾三連 (6) ☰ 戌 亥 金

7、生氣福德法

生氣福德法은 一名生氣法이라고도 하는데 자세한 도표는 다음과 같다。

① 生氣日 — 生動하는 意義가 있어며 마땅히 使用할 수 있는 大吉日이다.

② 天宜日 — 天醫日이라고도 하며, 每事에 大吉하고 特히 入院服樂등 疾病治療에도 吉하다.

③ 絶體日 — 健康에 不利하다는 義가 있어 小凶이나 日辰의 吉하면 使用하여도 無妨하다.

④ 遊魂日 — 精神的 不安의 義가 있어 小凶이나 역시 日辰이 吉하면 使用하여도 無妨하다.

⑤ 禍害日 — 大凶하다. 비록 日辰이 吉하여도 使用함이 不可하다.

⑥ 福德日 — 福德을 主宰하니 大吉하다. 每事에 使用함이 大吉이다.

⑦ 絶命日 — 大凶하다. 역시 日辰의 吉함을 얻을지라도 절대 使用해서는 안된다.

⑧ 歸魂日 — 小凶하다고로 日辰이 大吉하면 使用하여도 無妨하다.

이상과 같은 생기법은 택일에 있어서 가장 기본적이며 공통적이므로 생기, 복덕, 천의 일은 大吉日이며 귀혼, 유피, 절체일은 平 또는 小凶으로 일진만 吉하면 無妨하나, 화해, 정병일은 아무리 일진이 좋은 날이라도 사용해서는 안되는 날이다.

— 30 —

生氣、福德 早見表

歸魂 귀혼	絕命 절명	福德 복덕	禍害 과해	遊魂 유귀	絕體 실체	天宜 천의	生氣 생기	연령·구분 생기	
午	戌亥	辰巳	丑寅	未申	子	酉	卯	八一 六五四四三二一 四六八〇二四六	男
未申	子	酉	卯	午	戌亥	辰巳	丑寅	九 六五四四三二一 五七九一三五七	
酉	卯	未申	子	辰巳	丑寅	午	戌亥	二 六五五四三二一一 六八〇二四六八〇	
戌亥	午	丑寅	辰巳	子	未申	卯	酉	三 六五四四三二一 七九一三五七九	
子	未申	卯	酉	戌亥	午	丑寅	辰巳	四 六六五四三二二一 八〇二四六八〇二	
丑寅	辰巳	戌亥	午	卯	酉	未申	子	五 六六五四三一二一 九一三五七九一三	子
卯	酉	子	未申	丑寅	辰巳	戌亥	午	六 七六五四三三二一 〇二四六八〇二四	
辰巳	丑寅	午	戌亥	酉	卯	未申	子	七 七六五四三三二一 〇二四六八〇二四	
子	未申	卯	酉	戌亥	午	丑寅	辰巳	八一 六五四四三二一 四六八〇二四六	女
戌亥	午	丑寅	辰巳	子	未申	卯	酉	九二 六五四四三二一 五七九一三五七	
酉	卯	未申	子	辰巳	丑寅	午	戌亥	三 六五五四三二一一 六八〇二四六八〇	
未申	子	酉	卯	午	戌亥	辰巳	丑寅	四 六五五四三二一一 七九一三五七九一	
午	戌亥	辰巳	丑寅	子	酉	未申	卯	五 六六五四三二二一 八〇二四六八〇二	
辰巳	丑寅	午	戌亥	酉	卯	未申	子	六 六六五四三二二一 九一三五七九一三	子
卯	酉	子	未申	丑寅	辰巳	戌亥	午	七 七六五四三三二一 〇二四六八〇二四	
丑寅	辰巳	戌亥	午	卯	酉	未申	子	七 七六五四三三二一 一三五七九一三五	

8、黄道와 黑道法

황흑도 조견표
黄黑道 早見表

黄道 ＼ 年月日時	青龍黄道	明寶黄道	金匱黄道	大德黄道	玉堂黄道	司命黄道
寅申　正七	子	丑	辰	巳	未	戌
卯酉　二入	寅	卯	午	未	酉	子
辰戌　三九	辰	巳	申	酉	亥	寅
巳亥　四○	午	未	戌	亥	丑	辰
子午　十一五	申	酉	子	丑	卯	午
丑未　十二六	戌	亥	寅	卯	巳	申

天乙貴人表

日干	天乙貴人
甲戊庚	丑未
乙巳	子申
丙丁	亥酉
壬癸	巳卯
辛	午寅

黃道日은 吉日이 되고 黑道日은 凶日이 되는 것이다. 비록 생기 法에서 생기, 복덕, 천

의 일이라도 흙도 일이면 凶한 날이 되는 것이다고도 黃道法도 필히 보아야 되는 것이다.

택일 뿐만 아니라 吉凶事의 혼례 시간, 장례의 입하관시간기조 때의 상량시간등에 있어서도

황도법으로 시간을 정하면 좋다.

가령 子年에 택일할 경우에는 申酉子丑午月中에서 선택하며 申月 즉 7月에 선택하였

으면 子丑辰巳未戌日중에서 선택하며 子日을 선택하였으면 申酉子丑午時로 선택하면 좋

다. 다른 방법도 있는데 자세한 설명은 각항 본론편에서 설명하겠다.

9、三甲法

택일에 있어서 나중에 본론편에서 자세한 설명이 되겠지만 앞에서 설명한 생기법、황도

법、三甲法은 택일에서 공통적이고 기본원리이다. 그러므로 택일할 때에는 생기법에서

吉日과 黃黑道法의 黃道日、三甲法과 종합하여 각항 凶殺을 피하고 각 해당하는 길일을 선

택하면 좋은 날을 선택하는 것이다. 大柱와 本命日 年柱와 冲破害判이 안되고 年柱와 三合

또는 地支合日이 되면 더욱 吉한 날이 되는 것이다. 여기에서 논하는 三甲法은 일반 택일

은 生甲旬에서 喪葬門에서는 死甲旬중에서 사용하되 病甲旬은 使用하지 않는다.

早見表를 보는 방법은 子午卯酉年에는 生甲旬 즉 甲子旬 즉 甲子日에서 一○日간인 癸酉

日까지와 甲午旬 즉 甲午日에서 一○日간인 癸卯日까지이며 病甲旬 즉 甲寅旬 즉 甲寅에서

一○日간인 癸亥日까지와 甲申旬 즉 甲申에서 一○日간인 癸巳日까지이고 死甲旬은 甲辰旬

즉 甲辰日에서 一○日간인 癸丑日까지와 甲戌旬 즉 甲戌日에서 一○日간인 癸未日까지이다.

三甲旬早見表

三甲 ＼ 年支	生甲旬	病甲旬	死甲旬
子午 卯酉	甲午 甲子	甲申 甲寅	甲戌 甲辰
辰戌 丑未	甲戌 甲辰	甲午 甲子	甲申 甲寅
寅申 巳亥	甲申 甲寅	甲戌 甲辰	甲午 甲子
비고	모든일에 吉	不吉	질병、손재 사망등 凶

제2장 擇日의 종류와 五大分類

1、 일반택일

우리가 일상생활에서 필요한 모든 택일을 말한다. 즉 기도、출행、제사、등을 말하는데 자세한 설명은 각 항에서 설명하겠다.

2、 혼인택일

일생에 한번 바라고 원하는 소위결혼식에 필요로 하는 택일을 말하는 것인데 자세한 설명은 본론편에서 자세히 설명하겠다.

3、이사택일

양택 (陽宅) 에 있어서 집을 移從할때 필요로 하는 날짜를 선택하는 방법을 말하는 것이다。

4、起造擇日

집을 지을때 필요로 하는 각종택일을 말한다。

5、喪門擇日

陰宅에 있어서 장례、이장、안장등에 필요로 하는 각종 택일을 말하는 것이다。

제二편 擇日하는 方法

제一장 一般擇日

一、祭祀祈福

祭祀란 조상 및 기타의 神에게 祭祀하는 것으로 그 目的이 福을 求하고 재앙을 물리치는데 있지않고 오직 조상 및 기타의 영혼과 신을 위해 제사하는데 있다。 그런데 여기서의 제사는 조상의 기 (忌) 일에 올리는 절차가 아니고 忌日이외로 지내는 行事로서 忌日을 골

라 날을 가리는 경우와 또는 기타의 목적으로 神에게 제사하는 경우에 한한다. 그러므로

忌日祭는 그날의 日辰이 如何간에 吉凶을 不間하고 지내는 것이 原則이다. 祈福이란 福

을 구하고 재앙을 물리치며 가정의 안전을 바라는 목적으로 제사하는 행사로서 佛供、山神

祭、용왕제、七星祭、安宅祭 등을 말하는데 자세한 설명은 다음과 같다.

1、祭祀日

祭祀日 宜日은 甲子、乙丑、丁卯、戊辰、辛未、壬申、癸酉、甲戌、丁丑、己卯、庚辰、壬

午、甲申、乙酉、丙戌、丁亥、乙丑、辛卯、甲午、乙未、丙申、丁酉、乙巳、丙午、丁未、戊

申、己酉、庚戌、丙辰、丁巳、己未、辛酉、癸酉、普護、福生、聖心 日이며

忌日은 丙寅、戊寅、庚寅、壬寅、甲寅、天狗下食時、遊禍、建破日이다。

2、祈福日

기복일은 제사일과 通用해도 좋다。 즉 安宅、告祀、祈福등 善神에게 福을 비는 날이며

宜日은 壬申、乙亥、丙子、丁丑、壬午、癸未、丁亥、己丑、辛卯、壬辰、甲午、乙未、丁酉、

壬子、甲辰、戊申、乙卯、丙辰、壬戌、癸亥、福生、黃道、天恩、天德、月德、天德合、

月德合、天赦、福德、天宜、母倉上吉日、定成開日이며 忌日은 寅日天賤受死、天拘、

天狗下食時、天赦、生氣、建破、平、收日이다。

3、佛供日

佛供日宜日은 甲子、乙丑、丙寅、庚午、戊戌、戊寅、乙酉、戊子、己丑、辛卯、甲午、丙

申、癸卯、丁未、癸丑、甲寅、丙辰、辛酉日이며 忌日은 丙午、壬辰、乙亥、丁卯、乙卯日이

다。

4. 山祭日

山祭日은 산에 들어가、 기도하거나、 山神께 제사를 들이는데 좋은 날을 말한다。 宜日은
甲子、壬申、乙亥、丙子、甲申、乙酉、丙戌、辛卯、庚戌이며 山神下降日은 甲子、乙丑、丁
卯、戊辰、己巳、甲戌、乙亥、庚辰、丁亥、辛卯、甲午、乙未、壬寅、癸卯、己酉、辛亥、甲
寅、日이다。

忌日은 山隔日、山鳴日인데 大月 즉 큰달의 初二、廿一、廿三、廿六、日이고、小月 즉
작은 달은 初一、初十、十八、廿二日인데 이런날 山祭하면 虎動하여 놀라는 일이 생긴다。

5. 水神祭日

水神祭日은 水神、龍王神에게 제사하는 것으로、연못、바다、河川 등에 제사하거나 기도
를 올리는 날로서 庚午、辛未、壬申、癸酉、甲戌、庚子、辛酉、除、滿、執、成、開日이고
忌口은 水鳴日、水隔日、丙子、癸未、癸丑日이다。
水鳴日은 大月 十三日、十五日、十八日이고 小月 十日、二十一日、二十二日과 每月 七日、
十七日、二七日이다。 이런 날에 行般이나 合醬하면 不吉하다。

6. 地神下降日

每月 三日、七日、十五日、廿二日、廿六日은 吉日이고 凶日은 地隔日 地鳴月로서 大月 廿
五日과 廿八日이며 小月은 十八日 및 每月 十三日、廿五日、廿八日이다。

7. 七星下降日

七星下降日은 北斗七星（貪狼臣門、祿存、文曲、廉貞、武曲、破軍）이 天上에서 人界로

下降한다는 날로서 七星祭를 지내는 날로서 大吉한 날이다.

壬申、癸酉、甲戌、乙亥、丙子、己丑、庚寅、辛卯、戊戌、己亥、壬寅、癸卯、甲辰、乙巳、

丁未、戊申、己酉、戊午、己未、庚申、辛酉

正月—初三日、初七日、十五日、廿二日、廿六日、廿七日。

二月—初三日、初七日、初八日、十五日、廿二日、廿六日、廿七日。

三月—初三日、初七日、初八日、十五日、廿二日、廿六日、廿七日。

四月—初三日、初七日、初八日、十五日、廿二日、廿六日、廿七日。

五月—初三日、初七日、初八日、十五日、廿二日、廿六日、廿七日。

六月—初三日、初七日、初八日、十五日、廿二日、廿六日、廿七日。

七月—初三日、初七日、初八日、十五日、廿二日、廿六日、廿七日。

八月—初三日、初七日、初八日、十五日、廿二日、廿七日。

九月—初三日、初七日、初八日、十五日、廿二日、廿七日。

十月—初三日、初七日、初八日、十五日、廿二日、廿七日、廿八日。

十一月—初三日、初七日、初八日、十五日、廿六日、廿七日。

十二月—初三日、初七日、十五日、廿六日、廿七日。

8、竈王下降日

조왕하강일은 조왕신이 天上에서 下降하는 날이니 조왕에 제사 및 기도를 드리는데 吉

- 38 -

한 날이다。

甲子、乙丑、丁卯、癸酉、乙亥、庚辰、乙酉、丙戌、戊子、壬辰、甲午、丙申、壬寅、癸卯、

甲辰、乙卯日이 吉日이다。

0、神祀祈禱日

신사기도일은 神像 혹은 神位를 모신 곳에 기도를 올리면 吉한 날이다。

甲子、乙丑、戊辰、己巳、乙亥、丙子、丁丑、壬午、甲申、乙酉、丁亥、辛卯、壬辰、甲午、

乙未、丁酉、壬寅、乙巳、丙午、丁未、戊申、庚戌、丁巳、壬戌日이 吉日이다。

10、祭祀、祈禱忌日

다음과 같은 날은 어떠한 제사나 기도는 피하여야 한다。 天賊、受死、天狗、寅日

天狗下食時、建破平收日。

二、各神定局（早見表）

세사 및 기도에 吉하고、忌하는 神殺의 定局은 다음과 같다。

天恩上吉日―甲子、乙丑、丙寅、丁卯、戊辰、己卯、庚辰、壬午、癸未、己酉、庚戌、辛亥、

壬子、癸丑。

天赦上吉日―春戊寅日、夏甲午日、秋戊申日、多甲子日。

母倉上吉日―春亥子日、夏寅卯日、秋辰戌丑未日、多申酉日。

受死	天賊	遊禍	天狗日	收日	平日	破日	建日	成日	定日	聖心	普護	福生	月德合	天德合	月德	天德	月別
戌	辰	巳	子	亥	巳	申	寅	戌	午	亥	申	酉	辛	壬	丙	丁	正
辰	酉	寅	丑	子	午	酉	卯	亥	未	巳	寅	卯	己	巳	甲	申	二
亥	寅	亥	寅	丑	未	戌	辰	子	申	子	酉	戌	丁	丁	壬	壬	三
巳	未	申	卯	寅	申	亥	巳	丑	酉	午	卯	辰	乙	丙	庚	辛	四
子	子	巳	辰	卯	酉	子	午	寅	戌	丑	戌	亥	辛	寅	丙	亥	五
午	巳	寅	巳	辰	戌	丑	未	卯	亥	未	辰	巳	己	己	甲	甲	六
丑	戌	亥	午	巳	亥	寅	申	辰	子	寅	亥	子	丁	戊	壬	癸	七
未	卯	申	未	午	子	卯	酉	巳	丑	申	巳	午	乙	亥	庚	寅	八
寅	申	巳	申	未	丑	辰	戌	午	寅	卯	子	丑	辛	辛	丙	丙	九
申	丑	寅	酉	申	寅	巳	亥	未	卯	酉	午	未	己	庚	甲	乙	十
卯	午	亥	戌	酉	卯	午	子	申	辰	辰	丑	寅	丁	申	壬	巳	十一
酉	亥	申	亥	戌	辰	未	丑	酉	巳	戌	未	申	乙	乙	庚	庚	十二

天狗下食日時—正月子日亥時、二月丑日子時、三月丑日寅時、四月寅日卯時、五月卯日辰時、

六月辰日巳時、七月午日巳時、八月未日午時、九月申日未時、十月酉日申時、十一月戌日酉時、

十二月亥日戌時。

三、進人口

進人口란 집안에 자기 가족 이외의 타인이 들어와 居住함을 말하는데 식모등 노복을 들이

는 것과 운전사 채용、입양、가정교사、기숙인、세방 들이는 일등 모두 식구를 늘리는 것

회사라면 사원모집、役夫募集등이 이날을 使用함이 좋다。

1、納人口日

인구를 늘이는데 吉日은 正月丁、丙日、二月申甲丁日、三月壬庚日、四月辛庚巳日、五月亥

丙戌日、六月甲辛日、七月癸壬日、八月寅庚癸日、九月丙庚日、十月乙、甲日、十一月壬

甲日、十二月庚辛日이고 歸忌、月害、受死、建、破、平、收、閉日、人動日、人隔日은 人口

를 늘이는데 忌日이다。

2、立養子日

양자를 들이거나 서양자를 들이는데 吉한 날은 天德、月德、天德合、月德合、黃道、益後、

續世、天恩日과 屋本命의 祿馬貴人日이다。

양자를 들이는데 忌日은 歸忌、受死、月害、建、破、平、收、閉日이다。

3、納效婢日

고용인、가정부、원예사、침모、경비인、비서、심부름꾼을 집에 들이는데 吉한 날은 다음

과 같다.

甲子、乙丑、丙寅、丁卯、戊辰、己卯、甲申、丙戌、辛卯、壬辰、癸巳、甲午、乙未、己亥、庚子、癸卯、丙午、丁未、辛亥、壬子、甲寅、乙卯、己未、辛酉、天德、月德、明堂、玉堂（正、四、七、十月丑未日、二、五、八、十一月卯酉日、三、六、九、十二月巳亥日）收滿執日。

고용인을 들이는데 忌日은 歸忌、受死、人動日（每月初三、初八、初十、十三、十八、廿三、廿四日）、人隔日（正、七月—酉日、二八月—未日、三九月—巳日、四十月—卯日、五、十一月—丑日、六、十二月—亥日）이다。

● 各神定局（早見表）

月別	正	二	三	四	五	六	七	八	九	十	十一	十二
益後	子	午	寅	未	寅	申	卯	酉	辰	戌	巳	亥
續世	丑	未	卯	申	丑	子	亥	戌	酉	申	未	午
月害	巳	辰	卯	寅	丑	子	亥	戌	酉	申	未	午
滿日	辰	巳	午	未	申	酉	戌	亥	子	丑	寅	卯
執日	未	申	酉	戌	亥	子	丑	寅	卯	辰	巳	午

建祿—甲祿寅、乙祿卯、丙戊祿巳、丁己祿午、庚祿申、辛祿酉、壬祿亥、癸祿子。

貴人—甲戊庚＝丑未、乙巳＝子申、丙丁＝亥酉、辛＝寅午、壬癸＝巳卯。

驛馬—申子辰＝寅、巳酉丑＝亥、亥卯未＝巳、寅午戌＝申。

四、出行、行船

1、出行日

모든 출행에 있어서 길한 날은 다음과 같다.

甲子　乙丑　丙寅　丁卯　戊辰　庚午　辛未　甲戌　乙亥　丁丑

己卯　甲申　丙戌　己丑　庚寅　辛卯　甲午　乙未　庚子　辛丑

壬辰　癸卯　丙午　丁未　己酉　壬子　癸丑　甲寅　乙卯　庚申

辛酉　壬戌　癸亥　驛馬　四相　建滿成　開日。

忌하는 날은 往亡 四離 四絕 天賊 受死 歸忌 巳日 破收日이다.

2、行船

行船이란 배를 타고 江 또는 바다를 건너는 일이다. 큰 강을 건너거나 바다위로 旅行하는 데는 陸路보다 위험하니 특히 주의해야 한다. 行船에 吉한 날은 乙丑 丙寅 丁卯 戊辰 丁丑 戊寅 壬午 乙酉 辛卯 甲午 乙未 庚子 辛丑 壬寅 辛亥 丙辰 戊午 己未 辛酉 天恩 普護復日 滿成開日이며 忌하는 날은 風波河伯、觸水龍日、天賊、受死、水隔、月破、歸忌、往亡、角日 伏斷、張、箕宿日이다.

3、萬年出行法

正、四、七、十月

寶房—初一、初七、十三、十九、廿五日。
金庫—初二、初八、十四、二十、廿六日。
金堂—初三、初九、十五、廿一、廿七日。
順陽—初四、初十、十六、廿二、廿八日。
盜賊—初五、十一、十七、廿三、廿九日。
寶倉—初六、十二、十八、廿四、三十日。

二、五、八、十一月

天盜—初一、初九、十七、廿五日。
天門—初二、初十、十八、廿六日。
天堂—初三、十一、十九、廿七日。
天財—初四、十二、二十、廿八日。
天賊—初五、十三、廿一、廿九日。
天陽—初六、十四、廿二、三十日。
天候—初七、十五、廿三日。
天倉—初八、十六、廿四日。

三、六、九、十二月

朱小佳—初一、初九、十七、廿五日。
白虎脅—初二、初十、十八、廿六日。
白虎頭—初三、十一、十九、廿七日。
白虎足—初四、十二、二十、廿八日。
玄　武—初五、十三、廿一、廿九日。
青竜頭—初六、十四、廿二、三十日。
青竜脅—初七、十五、廿三日。
青竜足—初八、十六、廿四日。

이 萬年出行法은 고대 중국 삼국시대 인물로 유명한 제갈공명 (諸葛孔明) 이 몸소 使用했

다는 출행도이다。 위 출행일과 併用하면 더욱 吉하다。

을 받는다。 金庫―재물이 생기고 매사 大吉하다。 金室―매사에 여의하니 출행하면 기쁜일

이 생긴다。 順陽―계획한 일이 순조롭고 이익도 얻는다。 盜賊―外地에 나가 실물 손재주

있으니 불길하다。 寶倉―出行하면 財物을 얻고 大吉하다。

天盜―재물을 구하려다 도리어 損財한다。 天門―범사에 여의하니 불행함이 마땅하다。

天堂―계획한 일이 순조롭고 재물도 얻는다。 天財―귀인을 만나 大吉하고、특히 재물의 이

익이 있다。 天賊―실물 수 있고 매사에 실패한다。 天陽―모든 일이 형통하니 출행이 좋다。

天候―구설수 있고 손재도 있으니 조심해야 한다。 天倉―출행하면 재물이 생기고 매사에

길하다。 朱雀―출행하면 官厄과 실물수 있으니 出行하지 말것。 白虎頭―출행하면 재물을

얻고 기쁜일이 있다。 白虎脅―四方이 모두 吉하고 구하는 바를 얻는다。 白虎足―매사가

이루어 지지 않으니 불길 (不可) 하다。 玄武―매사가 순조롭지 못하고 口舌失物이 생긴다。

青龍頭―재물과 관록을 구하는 일에·大吉하다。 青龍脅―出行하는 목적을 순조롭게 달성한

다。 青龍足―出行하면 官厄이 있으니 大凶하다。

五、 會親友、宴樂과 就任、入學、上章

1、會親友、宴樂

會親友란 친절한 朋友 또는 親知、親戚들을 招待하여 음식을 접대하거나 其他의 行事를

하는 일이고 宴樂이란 잔치를 목적으로 하는 것을 일컫는데 화수회、친목회、동창회、경노

회、위로회、및 기타 공사를 위한 회의소집등 모두 宴樂에 해당한다。

宜日ー天恩、金堂、天德、月德、五合、定、成、滿、開、執日 主人之生氣、福德、天宜日。

忌日ー酉日、建、破、平、收、閉日、上朔（甲年癸亥日、乙年己巳日、丙年乙亥日、丁年辛

巳日、戊年丁亥、己年癸巳日、庚年己亥日、辛年乙巳日、壬年辛亥日、癸年丁巳日）月忌日

（毎月 初五、十四、廿三日）

2、就任日

취임、부임은 관직 직장에 처음 출근하는 날도 해당된다。就任、赴任에 吉한 날은 甲子、

丙寅、丁卯、戊辰、己巳、庚午、乙亥、丙子、己卯、壬午、甲申、乙酉、丙戌、戊子、癸巳、

己亥、庚子、壬寅、丙午、戊申、庚戌、辛亥、壬子、癸丑、庚申、辛酉日 또는 天赦、天恩、

月恩、黃道、天德、月德、天德合、月德合、역마、旺日、民日、相日、守日、本命之祿馬日이

고 忌하는 날은 受死、天獄、歸忌、往亡、伏斷、破、平、收、閉日、本命日 및 本命對冲日이

다。

3、入學日

입학이란 학교나 학원에 들어가는 것이지만 지금은 당국이나 학교학원의 방침에 의하여

시행된 날이 있으므로 배우러 가는 학생으로서는 入學日이 좋건 나쁘건 날을가려 입학할 수

는 없다。그러나 私的인 면에서는 입학일을 가릴수 있는 것이니 例를 들어 가정교사를 초빙

한다든가 독학을 시작하는 것、工夫하기 위해 寺刹등에 찾아가는 등의 일에는 吉日을 가릴수

있다。

吉日은 丙寅、己巳、甲戌、乙亥、甲子、丙寅、戊寅、辛巳、癸未、甲申、丁亥、己丑、庚寅、辛卯、

壬辰、癸巳、乙未、丙申、己亥、壬寅、癸卯、甲辰、乙巳、丙午、丁未、戊申、己戌、辛亥、

甲寅、乙卯、丙辰、庚申、辛酉、癸亥日과 天德、月德、天德合、月德合、六合寅申巳亥日、完

成、開日、正官、正卯、正官、本命之天乙貴人日、이며 忌하는 날은 受死、正四廢、陰差、陽

錯、伏斷、建、破、平、收、危、閉日、孔子死諱日이다。

4、上章日

상장이란 문서를 상부관청、회사 장상에게 제출하는 것을 말하는 것이다。 즉 취직이력서、

진하서、청원서、신청서、진정서、청탁편지、소설、논문、소장등을 내는 일이다。

上章의 吉日은 甲子、乙丑、丙寅、丁卯、壬申、丙戌、己卯、壬午、丙戌、己丑、庚

寅、辛卯、壬辰、甲午、丙申、丁酉、戊戌、庚子、壬子、甲寅、丙午、戊申、己酉、庚戌、壬

子、甲寅、丙辰、庚申、辛酉、壬戌、또는 黃道、福德、月空、聖心、福生、解神、民日、

本命祿馬日이고 忌日은 天賦、受死、禍害、絕命、伏斷、月忌、月忌、月破、羅網、月虛、閉

日、訴訟忌日＝上忌日同、又는 定日成日往亡、天獄、收日、閉日、制日（天干이 地支를 克하

는 日辰）

● 吉凶神定局（취임、입학、소송의 吉凶神定局）

天赦、天恩、黃道、天月德、合日、天賦、受死日은 婚姻門定局을 참고하라。

解神	福生	守日	民日	相日	官日	旺日	聖心	月空	驛馬	月恩	月別
申	酉	辰	午	巳	卯	寅	亥	壬	申	丙	正
申	卯	辰	午	巳	卯	寅	巳	庚	巳	丁	二
戌	戌	辰	午	巳	卯	寅	子	丙	寅	庚	三
戌	辰	未	酉	申	午	巳	午	甲	亥	己	四
子	亥	未	酉	申	午	巳	丑	壬	申	戊	五
子	巳	未	酉	申	午	巳	未	庚	巳	辛	六
寅	子	戌	子	亥	酉	申	寅	丙	寅	壬	七
寅	午	戌	子	亥	酉	申	申	甲	亥	癸	八
辰	丑	戌	子	亥	酉	申	卯	壬	申	庚	九
辰	未	丑	卯	寅	子	亥	酉	庚	巳	乙	十
午	寅	丑	卯	寅	子	亥	辰	丙	寅	甲	十一
午	申	丑	卯	寅	子	亥	戌	甲	亥	辛	十二

滿日	除日	建日	羅網	往亡	歸忌	天獄	正四廢	陽錯	陰差	月別
辰	卯	寅	子	寅	丑	子	辛酉 庚申	寅,甲	戌,庚	正
巳	辰	卯	申	巳	寅	卯	〃	卯,乙	酉,辛	二
午	巳	辰	巳	申	子	午	〃	辰,甲	申,庚	三
未	午	巳	辰	亥	丑	酉	癸亥 壬子	巳,丁	未,丁	四
申	未	午	戌	寅	寅	子	〃	午,丙	午,丙	五
酉	申	未	亥	巳	子	卯	〃	未,丁	巳,丁	六
戌	酉	申	丑	申	丑	午	乙卯 甲寅	申,庚	辰,甲	七
亥	戌	酉	申	亥	寅	酉	〃	酉,辛	卯,己	八
子	亥	戌	未	寅	子	子	〃	戌,庚	寅,甲	九
丑	子	亥	子	巳	丑	卯	丁巳 丙午	亥,癸	丑,癸	十
寅	丑	子	巳	申	寅	午	〃	子,壬	子,壬	十一
卯	寅	丑	辰	亥	子	酉	〃	丑,癸	亥,癸	十二

閉日	開日	收日	成日	危日	破日	執日	定日	平日
丑	子	亥	戌	酉	申	未	午	巳
寅	丑	子	亥	戌	酉	申	未	午
卯	寅	丑	子	亥	戌	酉	申	未
辰	卯	寅	丑	子	亥	戌	酉	申
巳	辰	卯	寅	丑	子	亥	戌	酉
午	巳	辰	卯	寅	丑	子	亥	戌
未	午	巳	辰	卯	寅	丑	子	亥
申	未	午	巳	辰	卯	寅	丑	子
酉	申	未	午	巳	辰	卯	寅	丑
戌	酉	申	未	午	巳	辰	卯	寅
亥	戌	酉	申	未	午	巳	辰	卯
子	亥	戌	酉	申	未	午	巳	辰

※子日＝虛宿

伏斷＝子虛 丑斗 寅室 卯女 辰箕 巳房 午角 未張 申鬼 酉觜 戌胃 亥壁。

伏斷日＝丑日 斗宿을 만나면 伏斷日이다.

六、立券、交易、開業、賣買

1、立券、交易日

立劵이란 재산의 가치가 있는 것을 문서로 작성하는 것과 재산상의 계약증권외 래등의

행위를 말하고 交易이란 물품의 매매무역등을 말한다. 吉한 날은 甲子 辛未 丙子 丁丑

庚辰 辛巳 壬午 辛卯 乙未 庚子 丁未 戊申 甲寅 乙卯 乙未 辛酉日과 三合、五合、六合、

天德台、月德合、執、成日이다。

2. 開業日

장사를 처음 시작하거나 어떤 사업을 개업하는데 吉한 날은 甲子 丙寅 己巳 庚午 辛未

丙子 己卯 丑午 庚寅 辛卯 乙未 己亥 庚子 丙午 甲寅 乙卯 己未 庚申 辛酉日과 天德、月

德、月恩、月財、驛馬、成、滿、開日이다。 단 대주의 本命日과 생년지와의 冲이되면 피하

는 셋이 좋다。

3. 商賣日

상업을 경영하는 자는 어느날이나 休店을 않고 매매하는데 특별히 賣買(매매)가 잘되

는 날이 있는데 그날은 다음과 같다。

己卯 乙酉 丙戌 壬寅 甲寅 天德、月德合、六合、滿、成、開日。

○五券、交易、開業、商買의 忌日은 天賊、空亡、伏斷、月虛、大耗、小耗、月破日이다。

◉古凶神定局（早見表） 天德、月德、天德合、月德合、三合、五合、六合、天賊日 등은 婚

姻門定局表에서 보고 驛馬、伏斷、月破日과 滿、成、開日은 就任、入學、上章門定局表에서

찾아보면 된다。

小耗	大耗	(年支)	小耗	大耗	月虛	月財	月恩	月別
巳	午	子	子,壬	未,乙	丑	日九	丙	正
午	未	丑	〃	〃	戌	日三	丁	二
未	申	寅	〃	〃	未	日四	庚	三
申	酉	卯	卯,乙	戌,丙	辰	日二	己	四
酉	戌	辰	〃	〃	丑	日七	戊	五
戌	亥	巳	〃	〃	戌	日六	辛	六
亥	子	午	午,戊	丑,辛	未	日九	壬	七
子	丑	未	〃	〃	辰	日三	癸	八
丑	寅	申	〃	〃	丑	日四	庚	九
寅	卯	酉	酉,辛	辰,壬	戌	日二	乙	十
卯	辰	戌	〃	〃	未	日七	甲	十一
辰	巳	亥	〃	〃	辰	日六	辛	十二

空亡日＝乙丑、甲戌、乙亥、癸未、甲申、乙酉、壬辰、癸巳、甲午、壬寅、癸卯、壬戌、戊戌、己亥、庚子、庚申日。

七、其他諸事

1、裁衣日＝평상시 입는 의복（衣服）이외 婚需、繡衣、禮服등 主로 중요한 옷을 만드

는데 보는 날을 말하는데 吉한 날은 다음과 같다.

甲子 乙丑 丙寅 丁卯 戊辰 己巳 癸酉 甲戌 乙亥 丙子 丁丑 己卯 庚辰 辛巳 癸未 甲申 乙酉 丙戌 丁亥 戊子 乙丑 庚寅 壬辰 癸巳 甲午 乙未 丙申 戊戌 庚子 辛丑 癸卯 甲辰 乙巳 戊申 己酉 癸丑 甲寅 乙卯 丙辰 辛酉 壬戌과 天德、月德、天德合、月德合、六合、旺日、除、滿、成、開日 및 每月 一、二、四、五、十九、二十二、二十七、二十八日、角、亢、房、斗、牛、虛、壁、奎、妻、鬼、張、翼、軫、重日（每月巳亥日）復日。

의복을 만드는데 忌日은 天賦、天火、長星、短星、建、破、平、收日이다.

2、求醫、療病＝질병 또는 상처를 치료하기 위해 入院하거나 鍼灸、手術、服藥등을 하는 것을 말하는데 吉日은 己酉、丙辰、壬戌、天醫、要安、除、破、開日인데 특히 수술 및 患部治療에는 除、破日을 兼하는게 좋다.

忌하는 날은 建、平、收、滿、危日、受死、血支、血忌、每月朔日、上弦、下弦日이다.

3、服藥日＝복약이란 문자 그대로 약을 먹는 것인데 洋藥、漢藥을 不問하고 맨 처음 복용하는 날을 말한다.

복약을 시작하는데 吉한 날은 乙丑 壬申 癸酉 乙亥 丙子 丁丑 壬午 甲申 丙戌 己丑 壬辰 癸巳 甲午 丙申 丁酉 戊戌 己亥 庚子 辛丑 戊申 己酉 辛酉、除、破、開日이고、忌日은 未日、滿日과 男子는 除日、女子는 收日이다.

4、斷乳日＝斷乳日이란 어린이의 젖을 떼거나 가축새끼를 어미로부터 분산시키는 날을 말하는데 吉日은 다음과 같다.

子日虛宿、丑日斗宿、寅日室宿、卯日女宿、辰日箕宿、巳日房宿、午日角宿、未日張宿、申日鬼宿、酉日觜宿、戌日胃宿、亥日壁宿、인세 즉 伏斷日을 말한다。

忌하는 날은 五月初七日과 受死日이다。

5、伐木日=백년가까이 묵은 나무와 집근처에 서있는 큰 나무를 함부로 경솔하게 베어서는 안된다。고로 나무를 베는데 吉한 날은 己巳、庚午、辛未、甲戌、乙亥、甲寅、己卯、壬午、甲申、乙酉、戊子、甲午、乙未、丙申、壬寅、丁未、壬申、己酉、甲寅、乙卯、己未、庚申、辛酉、또는 天德、月德、定、成、開日 또는 立多後日부터 立春前日사이의 每年、申日이며 나무를 베는데 忌하는 날은 天賦、受死、建、平、收、危日과 入出伐木에는 山隔日、山鳴日이다。

6、植木日=나무를 옮겨 심거나 접목하는데 吉한 날은 甲子、丙子、丁丑、己卯、癸未、壬辰、四相、六儀、生氣、母倉、除、滿、成、收、開日이고 忌하는 날은 乙日、受死、枯焦日、建、破日이다。

7、播種日=농작물 씨앗을 뿌리는데 吉한 날은 甲子、乙丑、丁卯、己巳、庚午、辛未、癸酉、乙亥、丙子、戊寅、己卯、辛巳、壬午、癸未、甲申、乙酉、丙戌、己丑、辛卯、壬辰、癸巳、甲午、乙未、戊戌、己亥、庚子、辛丑、壬寅、癸卯、甲辰、丙午、戊申、己酉、癸丑、甲寅、乙卯、戊午、己未、癸亥、戊日이며 忌하는 날은 벼씨에 한하여每月初入日、二十三日인데 즉 滿潮日이며 다른 작물은 관계없다。 참고로 벼씨에 한하여吉日은 甲戌、壬午、乙亥、乙酉、壬辰、乙卯日이 좋다。

8、 造酒、造麵＝술을 담그고, 누룩을 만드는데 吉한 날은 다음과 같다。 造酒吉日은 丁卯、庚午、癸未、甲午、己未、開、成日이며 造麵吉日은 辛未、乙未、庚子、三伏日(초복、중복、말복)이다。

9、 造醬日＝간장, 고추장, 김장등 담그는데 吉한 날은 丙寅、丁卯、庚午、甲午、丙午、戊午、天德合、月德合、三合、六合、成、開日이고 忌하는 날은 辛巳、辛未、辛卯、辛丑、辛亥、辛酉日이다。 造酒、造麵의 忌日은 滅沒日이다。

10、 養蠶日＝누에 치는 일 (出蠶、移席、蠶室、整理)에 吉한 날은 甲子、庚午、癸酉、庚辰、乙酉、甲午、乙巳、甲申、壬午、乙未、癸卯、丙午、丁未、戊申、甲寅、戊午、成、收、開日이며 忌하는 날은 三月辰戌日、四月巳亥日、五月卯酉日、七月寅申日、八月卯酉日、蠶室。蠶官方不宜修繕。

11、 納猫犬日＝개와 고양이를 집안에 들어 오는데 吉한 날은 甲子、乙丑、庚午、丙子、壬子、丙午、壬子、丙辰 또는 天德、月德、生氣、天月德方이며 忌하는 날은 飛廉殺、天賊、受死、閉日이다。

12、 穿牛鼻日＝소의 코뚜레를 뚫는데 좋은 날은 戊辰、己巳、辛未、甲戌、乙亥、辛巳、乙酉、戊子、乙巳、乙卯、戊午、己未日이고 忌하는 날은 飛廉殺、一刀、血忌、血支、受死、丑日이다。

13、 買牛日＝소 (牛)를 賣買하는데 있어서의 吉日은 丙寅、丁卯、庚午、丁丑、癸未、甲申、辛卯、丁酉、戊戌、庚子、庚戌、辛亥、戊午、壬戌、正月—寅午戌日、六月—亥卯未日、

成、收、開日이다。

14、理髮、沐浴日＝이발、미용 및 목욕에 있어서 吉한날 중에서 理容吉日은 乙丑、壬申、丙子、己卯、壬午、丙戌、甲寅、辛酉、天德、月德、黃道、益後、績世 및 正、四、七、十月中午日이고 沐浴吉日은 甲子、丁卯、辛未、壬申、癸酉、乙亥、丙子、丁丑、戊子、己丑、辛卯、丁酉、癸丑、丁巳、戊午、癸亥日과 初三、初四、初八、初九、初十、十一、十二、十三、廿二、廿三、廿六日 및 子申酉亥日이다。이발、목욕에 忌日은 丁日、十五日、建、破日인데 丁日은 理美容에만 忌日이다。

15、堤堰塞水＝바다、강、저수지의 뚝을 막는데 吉한 날은 休斷日、閉日이고 忌하는 날은 開日과 破日이다。

16、偃武敎兵日＝국방을 위한 모든 무기를 정비、저장하거나 軍士를 訓練시키는데 吉한 날은 天德、月德、黃道、兵寶、兵福、成、收、開日이다。

17、神像開光＝북상、산신、칠성등의 神像을 그리거나 조각하거나 새로 모시는데 吉한 날은 癸未、乙未、丁酉、甲辰、庚戌、辛亥、丙辰과 三九月은 危・心・畢・張日、六、十二月은 房虛、星、昴日이다。

18、抱鷄鴨卵＝닭、오리등 알을 안치는 날로서 吉한 날은 天德、月德、生氣、黃道日이고 忌하는 날은 月破、月厭、血忌、血支、受死、四廢日、閉日이다。

19、收蜂 및 分蜂日＝벌을 받거나 나누는 날에 있어서 吉日은 天德、月德、及合日、月財、母倉日이며 忌하는 날은 天賊、受死、月厭、月破、月殺日이다。

丙午、丁未、戊申、己酉日이다。

20、移秧吉日＝모내는 날에 있어서 吉日은 辛未、癸酉、壬午、庚寅、甲午、甲辰、乙巳、

21、造（修）舟楫日（배를 만들거나 수리하는 날）—進水式兼用야宜日로서는 天恩、月恩、
要安、月財、天月德合平定成日輪水日이고 忌하는 날은 風波、白浪、河伯、張宿、咸池、水
痕、觸水龍日、大要天覆、地覆時、水隔、月破、受死、伏斷日이다。

참고＝造船을 起工하는 날은 修造의 起工日과 같고 合底（밑바닥 대는것）起廠樑頭（상
량머리）를 安置하는 날은 堅柱日과 같으며、船鬪擴은 天賊、地破、伏斷、四廢、滅波、受
死、軌、破日을 忌하고 盆蓬을 덮는데는 天火天賊、風波日을 忌하고 船船은 伏斷、收、廢
日이 宜하고 軌破日을 忌한다。（船＝오래된 배를 보수할 염）

觸水龍日（忌行船）＝丙子、癸未、癸丑。

水痕日＝大月初一日、初七日、十一日、十七日、二十三日、三十日과 小月初三日、初七日、
十二日、二十六日。

天瓏地覆時（忌修造舟楫出軍出行）

正月—巳亥時、 二月—辰戌時、 三月—申酉時、 四月—巳申時、 五月—丑卯時、 六
月—子午時、 七月—酉亥時、 八月—辰戌時、 九月—辰午時、 十月—卯亥時、 十一月—
寅未時、 十二月—卯巳時。

22、獸獵、網魚吉日＝수렵、고기잡이에 있어서의 吉日은 다음과 같다。

宜日—飛廉受死—上朔及執危收日 壬寅癸卯江河合日（宜漁獵）、霜降後—立春前＝執危收

日（宜獸獵）

雨水後—五夏前執危收日（宜捕魚）

忌日—天恩、天赦、月恩五虛、開日大小空亡日。

23、房事忌日＝房事란 夫婦 또는 男女가 性行爲하는 것으로서 이를 피해야 되는 날을 말

한다。 다음과 같은 날은 피해야 한다。

현망일—七、 八、 二十二、 二十三日。 만월—十五、 十六日。

正月—初三、 十四、 十六日。 二月—初二日。 三月—初一、 初九日。 四月—初八日。 五月

—初五日。 初六、 初七、 十五、 十六、 十七、 廿五、 廿六、 廿七日、 十月—初十日。 十一月、 十

二月—初七、 二十日、 大月의 十七日、 小月의 十六日、 每月廿八日、 春分、 冬至、 夏至、 立春、

立夏、 立秋、 立冬、 初伏、 中伏、 末伏、 上弦、 下弦、 望、 晦日、 甲子日、 極寒（몹시 추운날）

極熱（몹시 더운날）、 大霧（안개가 짙은날）、 大雨（큰비、 폭우）、 虹霓（무지개 서는때）

地動（지진하는 때）、 天動（번개치고 우뢰소리 나는때）、 天地昏冥之時（아주 캄캄한 때）

만일 以上과 같은 날이나 時間에 性交를 해서 子女를 姙娠하게 되면 그 아이는 不具者로

태어나거나 출행후 短命하기 쉽다고 하니 조심해야 한다。

◉ 百忌日

甲日은 不開倉—甲日은 창고문을 열면 재주없고 복이 나간다。

乙日은 不栽植—乙日은 나무를 심지 않는다。 심으면 말려 죽거나 나무 뿌리가 썩는다。

丙日은 不修竈—丙日은 주방이나 방고대 등을 수리하지 않는다。 수리하면 火災염려 있

다。

丁日은 不創頭—丁日은 머리를 깍지않는다。 머리를 깍으면 재수없이 되는 일이없다。

戊日은 不受田—戊日 밭은 갈던지 망매매 계약 등 주의하기 바란다。 손재보기 쉽다。

己日은 不破卷—己日은 계약 解約等과 金錯支拂等 삼가하기 바란다。 不然이면 二重支拂하다。

庚日은 不經營—庚日은 경영하는 일은 그대로 하지만 새로 시작하는 일은 하지말고 침도 맞지 않는 것이 吉하다。

辛日은 不合醬—辛日은 장을 담구지 말라。 장을 담구면 많은 벌레가 생기며 장맛도 변한디。

壬日은 不沒水—壬日은 목욕하지 말고 또는 논물을 대기 위하여 도랑이나 모뜰을 정리하지 말라。 혹은 害虫에게 손해본다。

癸日은 不訴訟—癸日은 訴訟을 하지말라。 승소를 못하며 승소한다하여도 손재가 많이 나리다。

子日은 不問卜—子日은 점을 하지 말것、 재수가 막힌다。

丑日은 不冠帶—丑日은 결혼이나 머리에 쓰는 갓을 쓰면 不吉하다。

寅日은 不祭祀—寅日은 父母의 祭祀날이라면 무관하나 새로 날을 택하여 제사나 기도등을 하면 運路가 不吉해진다。

卯日은 不穿井—새로 우물을 파지말고 상수도나 하수도 수리를 하지말라。 집안에 언쟁

이 생긴다.

辰日은 不哭泣―辰日은 울면 身病이 오며 父母의 喪막을 채리지 말라。 다시 연속 喪運이 오기 쉽다。

巳日은 不遠行―巳日은 遠行하면 횡액수 있으며 或은 관재 구설수 있어며 몸 다치기 쉽다。

午日은 不苦益―午日은 집수리나 되비를 하지말라。 집수리한 후 화재나기 쉽다。

未日은 不服藥―未日은 한약이나 양약을 막론하고 복용하지 말것。 만약 복용하면 효력도 없고 위장이나 다른 증세가 오기 쉽다。

申日은 不安床―申日은 집안에 그냥 있을것。 상가집 등에 가면 병살이 침범하여 병고 발생한다。

酉日은 不會客―酉日은 모임이나 어떤 회의를 시작하지 말것。 특히 계를 모으는 날로 정하지 말것、 정하면 실패하게 된다。

戌日은 不乞狗―戌日은 구걸이나 무엇을 얻기 위해 남에 집에 가지말것。 잘못하면 도적으로 몰리게 된다。

亥日은 不嫁娶―亥日은 결혼을 하지 말것。 결혼하면 부부 이별한다。

◉ 各神定局 (早見表)

三合	旺日	兵福	兵寶	六儀	四相	生氣	月德合	天德合	月德	天德	月別
戌午	寅	寅	卯	辰	丁丙	戊	辛	壬	丙	丁	正
亥未	寅	卯	辰	卯	丁丙	亥	己	巳	甲	申	二
子申	寅	辰	巳	寅	丁丙	子	丁	丁	壬	壬	三
丑酉	巳	巳	午	丑	己戊	丑	乙	丙	庚	辛	四
寅戌	巳	午	未	子	己戊	寅	辛	寅	丙	亥	五
卯亥	巳	未	申	亥	己戊	卯	己	己	甲	甲	六
辰子	申	申	酉	戌	癸壬	辰	丁	戊	壬	癸	七
巳丑	申	酉	戌	酉	癸壬	巳	乙	亥	庚	寅	八
午寅	申	戌	亥	申	癸壬	午	辛	辛	丙	丙	九
未卯	亥	亥	子	未	乙甲	未	己	庚	甲	乙	十
申辰	亥	子	丑	午	乙甲	申	丁	申	壬	巳	十一
酉巳	亥	丑	寅	巳	乙甲	酉	乙	乙	庚	庚	十二

滅沒	枯焦	山隔	血支	血忌	短星	辰星	天火	受死	天賊	復日	六合
丑	辰	未	丑	丑	廿一	七	子	戌	辰	庚甲	亥
子	丑	巳	寅	未	十九	四	卯	辰	酉	辛乙	戌
亥	戌	卯	卯	寅	十六	六	午	亥	寅	己戊	酉
戌	未	丑	辰	申	廿五	九	酉	巳	未	壬丙	申
酉	卯	亥	巳	卯	廿五	十五	子	子	子	癸丁	未
申	子	酉	午	酉	廿一	十	卯	午	巳	己戊	午
未	酉	未	未	辰	廿二	八	午	丑	戌	庚甲	巳
午	午	巳	申	戌	十八十九	二	酉	未	卯	辛乙	辰
巳	亥	卯	酉	巳	十六十七	四	子	寅	申	己戊	卯
辰	申	丑	戌	亥	十四	三	卯	申	丑	壬丙	寅
卯	巳	亥	亥	午	廿三	十七	午	卯	午	癸丁	丑
寅	寅	酉	子	子	廿五	九	酉	酉	亥	己戊	子

河伯主瘟煽	風波太歲同	竈官	竈室	(年支)	咸池桃花殺同	大白惡波	飛廉
亥	子	未	坤	子	卯	寅	戌
子	丑	未	坤	丑	子	卯	巳
丑	寅	戌	乾	寅	酉	辰	午
寅	卯	戌	乾	卯	午	巳	未
卯	辰	戌	乾	辰	卯	午	寅
辰	巳	丑	艮	巳	子	未	卯
巳	午	丑	艮	午	酉	申	辰
午	未	丑	艮	未	午	酉	亥
未	申	辰	巽	申	卯	戌	子
申	酉	辰	巽	酉	子	亥	丑
酉	戌	辰	巽	戌	酉	子	申
戌	亥	未	坤	亥	午	丑	酉

山鳴＝大月—初二初八廿一廿三廿六、小月—初一初八初十十八廿二廿三日。

刀砧＝寅、午、戌、年月—丙丁壬癸日 申子辰年月—丙丁壬癸日。

巳、酉、丑、年月—甲乙庚辛日、亥卯未年月—甲乙丙辛日。

제二장 婚姻擇日

一、 約婚日

약혼일은 納徵定親日로서 옛날에는 納采問名하고 四柱를 보내는 날이니、 지금의 약혼일과 同用함이 可하다。 約婚日에 있어서 吉日은 다음과 같다。

乙丑、 丙寅、 丁卯、 辛未、 戊寅、 己卯、 庚辰、 丙戌、 戊子、 己丑、 壬辰、 癸巳、 乙未、 戊戌、 辛丑、 壬寅、 癸卯、 甲辰、 丙午、 丁未、 庚戌、 壬子、 癸丑、 甲寅、 乙卯、 丙辰、 丁巳、 戊午、 己未 또는 黃道、 三合、 五合、 陽德、 續世、 六儀、 月恩、 天喜、 定、 成、 開日。

約婚式에 있어서 忌하는 날은 天罡、 河魁、 受死、 天賊、 月厭、 月破、 本命、 亥日、 伏斷日。 但 天罡 河魁는 黃道日이면 制殺되고 十惡은 五合日이면 無妨하다。

二、 婚姻日

1、 婚姻年運法

① 男女本命을 오직 혼인을 못하는 年만 가리는 法인데 凶年이 아닌 以外의 年은 婚因해도 무방하다。

出生年	男婚凶年	女婚凶年
子生	未	卯
丑生	申	寅
寅生	酉	丑
卯生	戌	子
辰生	亥	亥
巳生	子	戌
午生	丑	酉
未生	寅	申
申生	卯	未
酉生	辰	午
戌生	巳	巳
亥生	午	辰

가령 男子가 甲子年이라면 未年이 凶하고 女子丑年生이라면 寅年이 凶年이니 이 凶年에는 혼인을 하지말라.

其外의 生도 같은 요령으로 본다.

②연령별로 결혼 吉凶年이 있는데 그 吉凶年은 다음과 같다.

기령 辰、戌、丑、未年生의 男子가 廿一、廿四、廿七세에 결혼하면 大吉하고 廿二、廿五、廿八、廿八세는 半吉이며 즉 平吉하고 廿三、廿六、廿九세에 결혼하면 불길하며 심지어는 이별수도 있다.

寅申巳亥 年生			子午卯酉 年生			辰戌丑未 年生			
不吉	半吉	大吉	不吉	半吉	大吉	不吉	半吉	大吉	
21세	20세	19세	22세	21세	20세	23세	22세	21세	男
24	23	22	25	24	23	26	25	24	
27	26	25	28	27	26	29	28	27	
30	29	28	31	30	29	32	31	30	子
33	32	31	34	33	32	35	34	33	
36	35	34	37	36	35	38	37	36	
39	38	37	40	39	38	41	40	39	
42	41	40	43	42	41	44	43	42	
15	14	13	16	15	14	14	13	12	女
18	17	16	19	18	17	17	16	15	
21	20	19	22	21	20	20	19	18	
24	23	22	25	24	23	23	22	21	
27	26	25	28	27	26	26	25	24	
30	29	28	31	30	29	29	28	27	子
33	32	31	34	33	32	32	31	30	
36	35	34	37	36	35	35	34	33	

2、婚姻月을 가리는 法

①風波月法＝결혼하면 풍파가 있으며 불행한 일만 생기는 것인데 男女 共히 보라.
辰巳子年生은 壬月 寅午卯年生은 十一月。
申酉丑年生은 八九月。 戌亥未年生은 十二月에 결혼하면 不吉하다。

②家娶月＝女子의 出生年을 기준하여 吉月을 가리고 凶月은 피한다。

○ 家娶月

區分\坤命	大利月	妨首媒子氏	妨翁姑	妨女父母	妨夫主	妨女身
子午生	六月 十二月	正月 七月	二月 八月	三月 九月	四月 十月	五月 十一月
丑未生	五月 十一月	四月 十月	三月 九月	二月 八月	正月 七月	六月 十二月
寅申生	二月 八月	三月 九月	四月 十月	五月 十一月	六月 十二月	正月 七月
卯酉生	正月 七月	六月 十二月	五月 十一月	四月 十月	三月 九月	二月 八月
辰戌生	四月 十月	五月 十一月	六月 十二月	正月 七月	二月 八月	三月 九月
巳亥生	三月 九月	二月 八月	正月 七月	六月 十二月	五月 十一月	四月 十月
備考	大吉하니 택일하라	小欠하나 사용해도 무방하다	媤父母가 없으면 사용가	여자의 부모가 없으면 사용가	흉하니 사용하지 마라	흉하니 사용하지 마라

- 66 -

가령 子生 또는 午生의 여자라면 婚姻月이 六月十二日로 定해야 大吉하다。 그러나 사정

이 如意치 못하면 正、七月에 無妨하고 또는 媤家에 양부모가 이미 死亡한 경우는 二月

八月도 좋으며 女子의 부모가 이미 死亡이면 三、九月도 좋다。 그러나 子、午生의 女子는

四、十、五、十一月은 신랑、신부에게 害가 있는 달이니 혼인하지 말아야 한다。

殺夫大忌月=嫁娶月을 우선으로 하고 이 殺夫大忌月도 倂看해서 달을 가리는 것이 가장

좋다。

年生	月
子	正、二
丑,辰	四
寅	七
卯,戌	十二
巳	五
午	八、十二
未,申	六、七
酉	八
亥	八,七

가령 子年生 女子는 正、二日이 殺夫大忌月이다。

3、 婚姻吉日—婚姻式을 올리는데 吉한 날은 다음과 같다。

陰陽不將吉日、十全大吉日、五合日、黃道、生甲、天恩、天赦、大明、母倉、天聾、地啞、
天德、月德、天德合、月德合、天喜、時德、三合、六合、男女本命의 生氣、福德、天宜日등
이다。

①逐月陰陽不將吉日=이날은 결혼하는데 최상의 길일이다。

단、남여 본궁의 화해 절명과 혼인총기일을 피한 뒤 天德、月德、天月德合、王合黃道、

生甲、天恩、母倉、天赦、大明등 諸吉神 가운데서 二、三位以上만 兼하면 가장 이상적인

택일이라 할 수 있다。

正月—丙寅、丁卯、丙子、丁丑、戊寅、己卯、己丑、庚寅、庚子、辛丑。

二月—乙丑、丙寅、丙子、丁丑、戊寅、己卯、庚寅、辛卯、辛丑。

三月—甲子、乙丑、丙寅、丁丑、乙酉、丙戌、戊子、己丑、丁酉、戊戌、己酉。

四月—甲子、丙戌、乙酉、丙戌、丁酉、戊子、戊戌、己酉。

五月—癸酉、甲戌、甲申、乙未、丙戌、乙酉、戊戌、丁酉、戊申、己酉。

六月—壬申、癸酉、甲戌、壬午、癸未、甲申、乙酉、乙未、壬戌。

七月—壬申、癸酉、壬午、癸未、甲申、乙酉、甲午、乙未、乙巳。

八月—辛未、壬申、壬午、癸未、甲申、癸巳、甲午、甲辰。

九月—庚午、辛未、辛巳、壬午、癸未、辛卯、壬辰、癸巳、庚辰。

十月—庚午、辛巳、壬午、庚寅、辛卯、壬辰、癸巳、壬寅。

十一月—丁卯、乙巳、丁丑、己卯、庚辰、辛巳、己丑、庚寅、辛卯、丁巳。

十二月—丙寅、丁卯、戊辰、丙子、丁丑、戊寅、庚辰、己卯、戊子、乙丑、庚寅、辛卯、壬辰、辛丑、壬寅、丁巳。

② 十全大吉日＝이 十全大吉日은 음양불장길일의 다음가는 吉日이다。 만약 不將吉日을

택히기가 마땅치 않거든 이날을 사용하되 이혼인 길일 가운데에서 吉神二、三位를 兼하고

혼인총기일을 피하면 역시 大吉한 日이다。十全吉日은 다음과 같다。

乙丑、丙子、丁丑、辛卯、癸卯、乙巳、壬子、癸丑。

次吉日＝이 次吉日도 十全大吉日 바로 다음 가는 吉日로서 역시 吉神 二、三位를 兼하고

혼인총기일을 피하여 쓰면 大吉한 택일이 된다。

次吉日은 癸巳、壬午、乙未、庚寅、丙辰、辛酉日이다。

③五合日＝이 五合日은 만일 음양불장길일과 合局을 얻으면 다른 吉神은 兼하지 않더라

도 永世大吉하다。또 이 五合日은 能히 月忌、月殺、十惡死甲의 凶神을 制化한다。

丙寅、丁卯、戊寅、己卯、庚寅、辛卯、壬寅、癸卯、甲寅、乙卯日。

丙寅、丁卯는 음양 合日。戊寅、己卯는 人民合日。庚寅、辛卯는 舍石合日。

壬寅、癸卯는 江河合日。甲寅、乙卯는 日月合日인데 陰陽合日이란 음양이 合하는 날이

요、人民合日이란 人民이 合하는 날이다。이외 것도 마찬가지이다。

④四大吉日＝四大吉日이란 天恩上吉日、天赦上吉日、母倉上吉日、大明上吉日을 말하는데

이날은 혼인뿐 아니라 백사대통한 날로서 不將吉日이나 十全吉日과 兼用하거나 또는 이날

에 황도、생갑、天德、月德등 諸吉神을 兼하여 쓰면 역시 大吉하다。四大吉日은 다음과

같다。

⑤天恩上吉日＝甲子、乙丑、丙寅、丁卯、戊辰、己卯、庚辰、辛巳、壬午、癸未、己酉、庚

戌、辛亥、壬子、癸丑日。

⑥ 大明上吉日＝辛未、壬申、癸酉、丁丑、己卯、壬午、甲申、丁亥、壬辰、乙未、壬寅、甲辰、乙巳、丙午、乙酉、庚戌、辛亥日。

⑦ 天赦上吉日＝春戊寅日、夏甲午日、秋戊申日、多甲子日。

⑧ 母倉上吉日＝春亥子日、夏寅卯日、秋辰戌丑未日、多申酉日。

⑨ 四季吉日＝이 吉日도 마찬가지로 不將吉日이나 五合日 및 十全大吉에서 가질수 없을때 이 吉日도 使用하되 황도、생갑、천덕、월덕、天喜日 등 吉神과 併合하고 男女의 생기、복덕、천의 日을 맞추어 혼인총기일만 피해 쓰면 大吉한 擇日이 된다. 四季吉日은 다음과 같다.

春三月＝乙丑、丙子、丁丑、壬午、己丑、乙未、壬子、癸丑日。

夏三月＝乙丑、丁卯、乙丑、癸巳、乙未、癸卯、乙巳、乙卯日。

秋三月＝丙子、丁丑、壬午、辛卯、癸巳、乙未、癸卯、乙巳、壬子、癸丑日。

多三月＝丁卯、癸巳、辛卯、乙巳、乙卯日。

⑩ 天聾、地啞日―이날은 백사에 길한 날로서 혼인 및 기조등에 더욱 좋다. 위 吉日과 併用하라.

⑪ 天聾日＝丙寅、戊辰、丙申、庚子、壬子、丙辰日。

⑫ 地啞日＝乙丑、丁卯、辛巳、乙未、辛亥、癸丑、辛酉日。

⑬ 黃道日＝황도일은 만사에 大吉하다. 능히 天罡、河魁의 흉신을 制殺하는 힘이 있으므로 반드시 겸용함이 가하다.

月別	天德	月德	天德合	月德合	大喜	時德	三合	六合
正	丁	丙	壬	辛	戊	午	戌,午	亥
二	申	甲	巳	己	亥	午	亥,未	戌
三	壬	壬	丁	丁	子	午	子,申	酉
四	辛	庚	丙	乙	丑	辰	丑,酉	申
五	亥	丙	寅	辛	寅	辰	寅,戌	未
六	甲	甲	己	己	辰	辰	卯,亥	午
七	癸	壬	戊	丁	卯	子	辰,子	巳
八	庚	庚	亥	乙	巳	子	巳,丑	辰
九	丙	丙	辛	辛	午	子	午,寅	卯
十	乙	甲	庚	己	未	寅	未,卯	寅
十一	巳	壬	申	丁	申	寅	申,辰	丑
十二	庚	乙	乙	乙	酉	寅	酉,巳	子

⑭ 生甲旬=六十甲子日에는 태세에 따라 生甲旬日、病甲旬日、死甲旬日이 있는데 婚姻은 生甲旬이 大吉하고 病甲旬은 쓰지 않으며 死甲旬日은 피하라. 黃道日과 三甲(生、病、死甲) 日은 不利하다. 단 五合日이면 무방하며 그렇기 않으면 死甲日은 피하라. 黃道日과 三甲(生、病、死甲)日은 제1편 제1장 택일의 기초지식에서 황도법과 삼갑법을 참고하기 바란다.

⑮ 天德、月德、及、合日、天喜、時德、三合、六合。

4、結婚大凶日＝어떤 사람이라도 正月은 子酉辰 戌丑甲寅、庚戌、申子、戊寅、丑、戌、子虛日은 결혼 못한다。

어떤 사람이라도 어떤 년이라도 正月에 子日에 결혼하면 **被麻殺**이 되고 酉日은 **紅紗殺日**이 된다。

忌日圖表는 다음과 같다。

忌日定圖表

日＼月	伏斷日	婚凶日	月厭日	滅沒	天瑞日	羅網	月破
正	虛 子日	子	戌	丑	戊寅	子	申
二	斗 丑日	申	酉	子	己卯	申	酉
三	室 寅日	巳	申	亥	辛巳	巳	戌
四	女 卯日	辰	未	戌	庚辰	辰	亥
五	箕 辰日	戌	午	酉	庚寅	戌	子
六	房 巳日	亥	巳	申	壬子	亥	丑
七	角 午日	丑	辰	未		丑	寅
八	張 未日	申	卯	午		申	卯
九	鬼 申日	未	寅	巳		未	辰
十	觜 酉日	子	丑	辰		子	巳
十一	胃 戌日	巳	子	卯		巳	午
十二	壁 亥日	申	亥	寅		申	未

- 72 -

月忌＝每月　初五日、十四日、廿三日。

河魁	天罡	厭對	披麻	被麻殺	紅紗殺	天賊	受死	月殺	陽錯	陰錯
亥	巳	辰	子	子	酉	辰	戌	丑	甲寅	庚戌
午	子	卯	酉	酉	巳	酉	辰	戌	乙卯	辛酉
丑	未	寅	午	午	丑	寅	亥	未	甲辰	庚申
申	寅	丑	卯	卯	酉	未	巳	辰	丁巳	丁未
卯	酉	子	子	子	巳	子	子	丑	丙午	丙午
戌	辰	亥	酉	酉	丑	巳	午	戌	丁未	丁巳
巳	亥	戌	午	午	酉	戌	丑	未	庚申	丙辰
子	午	酉	卯	卯	巳	卯	未	辰	辛酉	乙卯
未	丑	申	子	子	丑	申	寅	丑	庚戌	甲寅
寅	申	未	酉	酉	酉	丑	申	戌	癸亥	癸丑
酉	卯	午	午	午	巳	午	卯	未	壬子	壬子
辰	戌	巳	卯	卯	丑	亥	酉	辰	癸丑	癸亥

十惡＝甲己年—三月　戊戌日、七月　癸亥日、十月　丙申日、十一月　丁亥日。

乙庚年—四月　壬申日、九月　乙巳日。

丙辛年—三月　辛巳日、九月　庚辰日。

丁壬年—無忌（꺼리는 날 없음）

戊癸年—六月　五日。

① 伏斷日＝正月子日이 되고 年歷에 虛日이 되면 伏斷日이 되는데 이날 결혼하면 재산이 모이지 않고 하는 일이 항상 중단된다.

② 婚凶日＝正月子日에 결혼하던지 二月申日에 결혼하면 혼흉일에 해당 하는데 혼흉일은 결혼을 할수 없는 날이다. 百事가 不吉하고 친척지간에도 별문지화를 만나는 악운일이다.

③ 月厭日＝正月에 戌日이나 二月에 酉日에 결혼하면 월압일이 된다. 이날 결혼하면 처중에 질병이 오고 자손에 덕을 받지 못한다.

④ 滅沒日＝正月丑戌이나 二月子日에 결혼하면 멸몰일이 된다. 이런날 결혼하면 신랑집에 큰 파란이 닥치고 결혼하고서 멸망지화를 당하는 날이다.

⑤ 天瑞日＝四季中에 戊寅日에 결혼하면 天瑞日이 되는데 이날 결혼하면 父母가 피해를 당하며 질병이 오는 대흉일이다.

⑥ 羅網日＝正月子日이나 二月申日에 결혼하면 羅網日이 되는데 이날 결혼하면 부부이별, 하는 대흉한 날이다.

⑦ 月破日＝正月에 申日이나 二月에 酉日 三月에 戌日에 결혼하면 月破가 되는데 이날 결혼하면 남여 生月에 부부이별하는 일이 발생한다.

⑧ 陰錯日＝正月에 庚戌日에 결혼하던지 二月辛酉日에 결혼하면 음착살이 되는데 이날 결혼하면 보이지 않는 악살이 침범하여 부부의 인연을 끊게 하는 일이 자주 발생하여 부부니별하게 된다.

⑨ 陽錯日＝正月甲寅日 二月乙卯日 등에 결혼하면 양착살이 되는데 이살이 있는 날 결혼하면 필히 남여간 早死하여 孤寡(고과)를 면키 어렵다.

⑩ 月殺이란 正月에 丑日이나 三月未日에 결혼하면 월살이 되는데 이날 월살에 결혼하면 자기 回甲때에 回甲을 못한다. 月殺日에 결혼한 사람이 回甲을 그대로 회갑잔치를 하면 一、二年以內도 死亡한다.

⑪ 受死日＝正月에 戌日이나 二月辰日에 結婚하면 수사일이 된다. 이날 결혼하면 死運이 되며 부부사별한다.

⑫ 天賊日＝이날 결혼하면 재산이 가난하고 하는 일이 중단되고 만사가 파탄되며 生活에 빈곤을 면할길이 없으리라.

⑬ 紅紗殺日＝正月酉日二月巳日에 결혼하면 홍사살일이 되는데 이날 결혼하면 남녀중 橫死、客死하게 된다.

⑭ 被麻殺日＝이날 결혼하면 모든 사람이 나를 악인으로 보고 나에게 도우는 사람없이 해를 끼치는 사람 많은 악운이 된다.

○ 甲己之年三月戊戌日、七月癸亥日。 丁壬之年十惡大敗日、乙庚之年九月乙巳日、四月壬申日、丙辛之年九月庚辰日 三月辛巳日 戊癸之年 六月丑日은 결혼흉일이다.

○ 春分、夏至、秋分、冬至、立春、立夏、立秋、立冬 前一日과 節氣日과 後 一日은 결혼 못하며 결혼하면 生死別한다。

○ 禍害、絕命（生氣、福德法） 男女本命日（가령 甲子生이면 甲子日이 本命이고 乙丑生이면 乙丑日이 本命日이다） 紅紗披麻、天賊、受死、月厭、厭對、月殺、月破、天罡、河魁、伏斷、月忌、十惡、死甲、冬至、夏至、端午、四月八日、每月亥日은 婚姻總忌日이다。

○ 制殺法＝위 婚姻總忌日 가운데 天罡、河魁의 두 凶神은 黃道日을 만나면 制殺이 되고 月忌、月殺、十惡、死甲日은 五合日（寅卯）이면 制殺된다。이 制殺된 凶神은 可用할 수 있으나 禍害、絕命、木命、紅紗、披麻、月厭、厭對、月破、天賊、受死、冬至、夏至、端午、伏斷、亥日은 어떠한 吉神을 만날지라도 절대로 婚姻하지 못한다。

○ 其他凶殺

一、嫁娶大凶日＝이날은 婚姻총기일은 아니지만 역시 婚姻날에 不吉하니 피하는 것이 可하다。

春三月—甲子、乙丑日。夏三月—丙子、乙丑。秋三月—庚子、辛丑。冬三月—壬子、癸丑日。또는 正、五、九日—庚日 二、六、十月—乙日 三、七、十一月—丙日。四、八、十二月—癸日。

二、喪夫喪妻殺—이날을 犯하면 상부상처나 이별수 있다는 날이니 피하는게 좋다。

春三月—丙午、丁未日（喪妻）、冬三月—壬子、癸亥日（喪妻）。

三、孤寡殺—이 日辰에 혼인하면 夫婦가 생이별하고 男子는 홀아비고 女子는 과부가

되기 쉬운 날 <,다.

亥子丑生＝男寅日、女戌日 寅卯辰生—男巳日、女丑日 巳午未日—男申日、女辰日 申酉戌生—男亥日、女未日。

四、太白殺—태백살은 一名손이라고도 하는데 이 太白殺이 닿는 方位에 초례상을 놓지 않는다.

二日東方。三、四日南方。五、六日西方。七、八日北方。九、十日은 上天 、十一日이란 初一、十一、廿一、初二、十二日、廿二은 포함한다。다른 일도 마찬가지이다.

五、周堂法＝주당살이 신랑이나 신부에 닿으면 그날은 결혼식을 舉行할 수 없는 것이 原則이다。그러므로 周堂이 어느곳에 닿는지를 알아보아야 한다.

婚姻周堂圖

廚 식당	夫 신랑	姑 시어머니
婦 신부		堂 안방
竈 조왕 부엌	第 처마	翁 시아버지

보는법은 혼인원의 大小를 구분하여 날자를 짚어가는데 즉 大月에는 夫字에 初一日을 붙여 姑堂、翁、第로 順行하여 富日에 머무르는 곳이 周堂이고 小月에는 婦字에 初一日을 붙여 竈、第、翁堂으로 逆行하여 當日에 머무르는 곳이 周堂이다.

만일 혼인하려는 날자에 짚는것이 夫 또는 婦에 닿으면 혼인하지 못하며 翁姑에 닿는 날은 翁姑가 없으면 무방하다. 翁姑가 있더라도 결혼식을 올리려는 맨처음 순간만 피하면 된다. 그러므로 第、堂、廚、竈日에 使用해야 가장 吉하다.

第는 온 집안을 말한다. 즉 처마밑으로 부터 건물내부、여기에 닿으면 신랑이 맨처음 신부집에 들어설때 또는 신부가 맨처음 신랑집에 들어설 무렵 모든 사람들은 建物內部에서 밖으로 나와 피했다가 잠시후 (一分정도) 다시 들어간다. 堂은 오직 房中에서만 피하고 廚는 부엌이나 사랑부엌 아랫방부엌 食堂등에 속하고 竈는 조왕으로 즉 안방부엌을 말하는데 모두 第와 같은 방법으로 그곳에서 잠시 피했다가 들어가면 된다. 그리고 만일 신랑이 신부집에 가서 결혼식을 올리는 경우는 신부의 父母를 翁姑로 보아야 한다.

六、百殺解消日＝現法은 何事라도 施行하면 吉하며 各神殺이 해소되는 날이므로 만사대통일로 結婚擇日 잡이도 吉하다. 但、신랑이나 신부와의 日柱와 冲破害孤神募宿殺만이 되면 百殺이 해소되여도 冲破害孤神募宿殺만은 해소가 되지 않는다. 다음의 백살해소일은 특별히 吉한 日辰이므로 기재하였다.

正月―丁卯、辛卯、丙寅、庚寅、戊寅、辛丑、丙子、乙卯、戊子、丁丑、己丑、庚子日。

二月―丙戌、庚子、庚戌、庚寅、丁丑、戊子、戊戌、丙寅、乙丑日。

三月―乙酉、丙子、己酉、戊戌、己酉、丁丑、戊子、甲子、甲戌、丙戌日。

四月―甲子、丙子、丙申、乙酉、丁酉、甲戌、戊戌日。

五月―丙申、乙未、甲申、戊申、甲戌、癸未、癸酉、戊戌日。

六月―壬申、壬午、甲申、甲戌、癸未、乙未、乙酉、癸酉、壬戌日。

七月—乙酉、乙巳、甲午、壬未、甲申、壬申日。

八月—甲辰、壬辰、癸巳、甲午、癸未、甲申、壬申日。

九月—癸卯、癸未、癸巳、壬午、壬辰、辛未、辛卯、庚辰日。

十月—癸卯、癸未、辛卯、壬辰、辛巳、庚午、癸巳日。

十一月—壬寅、庚寅、壬辰、辛巳、庚午、辛巳、丁巳、己巳、壬寅日。

十二月—辛丑、丁丑、乙丑、庚寅、丙寅、辛卯、戊子、戊寅、丁卯、庚子、丙子、壬辰、丙辰、戊辰日吉 以上의 日은 吉日이다。

七、裁作日見法＝新郎洋服 마추는 날 또는 新婦結婚日에 입을 衣服 마추는 날이다。結혼날 입는 옷은 吉日을 택하여 마추면 平生 富을 만나며 辛福하게 산다고 한다。

甲子、乙丑、丙寅、丁卯、戊辰、己巳、癸酉、甲戌、乙亥、丙子、丁丑、己卯、庚辰、辛巳、癸未、甲申、乙酉、丙戌、戊子、己丑、庚寅、壬辰、癸巳、甲午、乙未、丙申、戊戌、庚子、辛丑、癸卯、甲辰、己巳、戊申、己酉、甲寅、乙卯、丙辰、壬戌日이나

天德合、신랑、신부 年支와 合이 되는 날、旺日、除日、滿日、厄日、開日等이 吉日인데

신랑신부의 生年支와 冲破害日은 사용하지 못한다。

八、結婚時間—一名行禮時인데 결혼일자를 선택하였으면 결혼시간을 선택하여야 한다。

요즈음은 신식 즉 예식장에서 편리한 시간을 선택하시는 분이 많은데 行禮時의 좋은 시간

을 다음과 같이 논하겠다。

一、신랑、신부 출생년支와 合이되는 시간 즉 신랑이 子年生이고 신부가 辰年生이라
면 申時가 吉하다。그리고 신랑이 子日生이고 신부가 辰日生이면 역시 申時가 吉하다。

二、결혼 日辰과 황도시간 (黃道時)─택일의 기초지식편을 참고 하시기 바란다。 가
령 결혼일자가 寅日이라면 子、丑、辰、巳、未、戌時가 좋다。

三、결혼 日辰과 天乙貴人이 되는 時間─天乙貴人은 택일의 기초지식 편이나 四柱學
편을 참고하시기 바란다。 가령 결혼일자 天干이 甲日이라면 丑時나 未時가 좋다。

四、女子의 生年支를 主動하여 甲年生은 寅時、乙年生은 卯時、丙戌年生은 巳時、丁
己年生은 午時、庚年生은 申時、辛年生은 酉時、壬年生은 亥時、癸年生은 子時에 결혼하
면 만사순탄하고 부귀공명한다。

五、寶光天德時─子午卯酉日은 丑時 辰戌丑未日은 卯時、寅申巳亥日은 辰巳時가 되는
데 男子가 出仕하고 財物을 많이 얻는 富貴의 時이다。

六、太乙天貴時─子午卯酉日은 申時 辰戌 丑未日은 戌時、申寅巳亥日은 戌子時인데
子女가 出仕하는 일이 생기고 子女福이 많다。

七、鳳輦月仙時─子午卯酉日은 午時辰戌丑未日은 申時 寅申巳亥日은 未申時인데 서로
헤어질려고 하여도 헤어지지 않도록 귀인이 중간에서 상호결합을 시켜주는 부부가 행복하
게 되는 시간이다。

八、小徵天開時─子午卯酉日은 卯時 辰戌丑未日은 巳時 寅申巳亥日은 巳未時인데 男
女間에 生活에 답답한 일이 생기지 않고 一生을 행복하게 가정을 운영하여 나가는 시간이

다。

九、福德月仙時—子午卯酉日은 子時、辰戌丑未日은 寅時、寅申巳亥日은 辰時인데 福이다면 壬福을 말한다。 五福이 구비되었고 人德이 구비되었으며 덕망이 높은 大吉한 時間이다。

9、新郞、新婦入座

一、新郞이 결혼식 하는 날에 결혼식 하고나서 新婦집에 처음 왔을 때 妻家에 방에 들어와서 방위를 좋은 곳을 택하여 앉아야 첫아들을 얻는다고 한다。 方位는 다음과 같다。

寅申巳亥年生은 子午、卯酉、壬丙、甲庚 座大吉。
辰戌丑未年生은 寅申、巳亥、艮坤、巽乾 座大吉。
子午卯酉年生은 辰戌、丑未、乙辛、癸丁 座大吉。

二、新婦가 結婚式을 마치고 媤嫁에 가서 맨 처음 앉을때 앉는 吉方은 甲己日—東北向、乙庚日—西北向、丙辛日—西南向、丁壬日—正南向、戊癸日—東南向이다。

三、右記座中에서 各三殺이나 大將軍方이나 喪門、吊客殺方이 아니어야 한다。 만약 八方이 맞지 않을 때는 本命(띠方)의 方으로 앉아서 正면을보면 된다。 가령 寅生이라면 子方에 앉아서 午方을 向해 보면 되고 또는 卯方에 앉아서 西方을 향하여 보고 앉으면 된다。 壬方에 앉아서 丙方을 향하여 보고 앉으면 된다。 그리고 결혼일자가 甲日이나 己日이면 東北向으로 보고 앉으면 되는 것이다。 다른 일자도 마찬가지이다。

四、新婦入門法∥신부가 신랑집에 들어오는 날 들어오는 方向이 좋아야 되는 入門法

이 있다. 여기서는 五行속성 (木火土金水)에 따라 吉凶方을 만나 新婦의 姓이 木姓이면

西門、火姓이면 北門、土姓이면 西門、金姓이면 北門、水姓이면 北門으로 들어오면 凶하

고 以外方은 吉하다.

10、新 行

①新行吉日은 進人口日과 出行日을 使用하면 吉日이다.

②玉女殺―一名 옥녀각시라고도 하는데 이살 역시 참고 하시는 것이 좋습니다. 春三月

에는 東方、夏三月에는 南方、秋三月에는 西方、冬三月에는 北方에 옥녀각시가 있다는 것

인데 玉女각시를 앉고서 신부가 신행을 하게되면 시댁과 신랑에게 해로움이 있게 되고 玉

女각시를 업고서 신행을 하게 되면 신부와 시댁이 해로움이 있어서 신혼살림에 풍파가 있

다고 보는 것입니다. 옥녀각시를 안고간다는 것은 玉女가 있는 方向이 되는 곳으로 신행

을 한다는 뜻이고 업고간다는 뜻은 그와 반대를 말하는 것이다. 즉 봄에 신행을 하게 되

면 東쪽이 안고가는 방향이 되는 것이고 그반대 방향인 서쪽이 업고가는 方間이 되겠다.

③三地不受法―新行길에 있어 新婦가 媤嫁로 向할때 다음과 같은 方向을 등지고 가면

집안이 해롭고 안고가면 本人이 해롭다고 한다. 여기서도 안고가는 것은 있는 쪽으로 가

는 것이고 업고가는 것은 등지고 즉 반대 쪽을 말한다. ※申子辰年은 亥子丑方(北) 巳

酉丑年은 申酉戌方(西)、寅午戌年은 巳午未方(南)、亥卯未年은 寅卯辰方(東)인데 가

령 申年、子午、辰年에 新行을 할 경우 新婦가 媤嫁로 向할때 亥、子、丑方 즉 北쪽으로

新行周堂圖

死睡門	床	堂竈廚

향하면 안고가는 것으로 本人이 해롭다는 것이고 그반대 방향인 巳午未方 즉 南쪽으로 향하게 되면 업고、 등지고 가는 것으로 집안이 해롭다고 하는 것이다。

④ 新行周堂—大月에는 竈字에 初一日을 起하여 堂、床、방향으로 順行하고 小月에는 廚字에 初一日을 起하여 路、門、睡방향으로 逆行한다。 신행을 갔다올때 신행주당이 竈이 되면 이날에 집에 오지말고 그 다음날 또는 그 전날 집에 오면 되겠다。

三、婚姻擇日의 順序와 要領

1、 順序

① 男女別生年으로 혼인하려는 太歲가 凶年이 아닌가를 살펴 凶年이면 다음 해로 미룬다。

대개는 年運을 가리지 않고 당사자의 형편따라 정하는데 年運을 于先으로 定하는 것이 原

則이다。

②혼인月을 가리는 法 즉 嫁娶月에서 大利月을 가리되 그 大利月이 형편상 불가할 경우

妨夫主妨女身이 닿는 月을 피하고 또는 殺夫大忌月을 참고로 하여 妨媒氏 또는 妨翁姑月

(翁姑가 無한 경우) 中에서 적당한 달을 고른다。

③生氣法에서 生氣、福德、天宜 등 吉日은 ○表로 표시하고 화해、절병、절체 등은 ×表로 표시하여 ○表와 △表를 표시한 日辰中에서

선택하고 혼인일월에서 吉神과 凶神을 참고하여 紅紗、披麻등과 같은 혼인 忌日에 속하는

日辰은 모두 삭제하고 陰陽不將吉日 및 十全大吉、五合日과 같은 大吉日을 위주해서 天德、

月德、黃道、生甲등 諸吉神과 많이 合局되는 것으로 여러개 가려서 記入해 놓는다。

2、要領

①陰陽不將吉日이 黃道、生甲日과 겹하고 吉神中 天月德등이 并臨하며 生氣、福德、天宜

日을 맞추면 最上吉日이다。

生氣法에서 生氣、福德、天宜日에 맞추지 못할 경우는 遊鬼(유괴)、歸魂(귀혼)日을

골라서 선택하여도 무방하다。물론 婚姻總忌日을 피해야 한다。

②陰陽不將吉日이 禍害、絕命이 닿거나、혼인총기일을 犯하여 선택할 수 없으면、十全

大吉日 및 五合日을 위주하여 가리되 반드시 황도일과 생갑순을 合局하고 기타의 吉神一、

二位를 겸하도록 하면 大吉한 擇日이다。

③陰陽不將吉日과 十全大吉日、그리고 五合日등이 모두 禍害、絕命등 婚姻總忌日에 속하

여 마땅치 않을 때는 반드시 生氣、福德、天宜日 가운데서 맞추어 生甲、黃道、天德、月

德등의 吉神이 二位以上이 兼하도록 하고 여기에다 四大吉日인 天赦、大明、母倉、天德吉

日이나 四季吉日의 日辰과 合局해서 선택하면 吉하다.

④陰陽不將吉日、十全大吉、五合日등의 최상 吉日은 生氣、福德、天宜日이 아니고 유

과、귀혼일이라도 무방하며 황도、생갑중 하나만 맞아도 可하다. 그러나 이 不將、十全、

五合日以外의 吉神으로 선택함에는 반드시 生氣、福德、天宜 (男女中一人이라도) 를 맞추

고 또는 黃道日과 生甲日을 쓰고 다른 吉神도 并合해야 한다.

⑤④항의 원칙을 무시하고 화해、절명이 닿거나 총기일 二、三位가 겹하거나 黑道 (황

도 이외는 모두 혹도이다) 와 死甲、病甲日이 같이 닿는데 다 吉神이 적거나 없으면 이는

最凶한 擇日이 되는 것이니 이점을. 주의해야 하며 또 吉神이 많다고 해서 禍害、絕命、天

賊、受死、紅紗、披麻、伏斷、多至、夏至、本命、月厭、厭對、本命、亥日、月破日 같은 凶

神은 하나라도 犯하지 말아야 한다.

3、納徵文書式

①四柱 (四星) ＝四柱란 주인공의 出生年月日時를 말한다. 즉 신랑이 될 사람의 生年月

日時를 기록해서 신부될 집을 채단 즉 약혼예물과 같이 보내는 것이 관예로 되어왔다.

現在는 四柱도 보내고 約婚式도 하지만 옛날에는 四柱와 채단을 보내면 신부될 집에서 이

것을 받으면 定婚이 된 셈이다.

쓰는 法ㅡ먼저 깨끗한 백지 (窓紙) 를 준비하고 가로 30센치세로 25센치 정도로 가

위나 칼로 반듯하게 자른뒤 五線 또는 七線으로 접는다。다음에는 깨끗한 물로 먹을갈아

서 中央에다 正字로 신랑 (主人公) 의 生年月日時를 단정하게 쓴다。접은 線을 기준으로

左側부터 접은뒤 四柱를 써서 접은 종이가 들어갈 수 있을 정도의 규격을 봉투를 만들어

四星紙를 넣는데 皮封은 封하지 않고 다만 둥글고 곧은 竹 (대) 를 쪼개어 그림과 같이

봉투에 꿴다。皮封에는 보기와 같이 글씨를 쓰고 그런뒤에 靑、紅絲로 대쪽을 합친 끝을

잡아맨다。(현재는 皮封에 靑紅보를 쌓고 맺는 것만 하는 것도 있다)

②涓吉이란 婚姻式을 行하는 日字를 擇日한 것을 말한다。이 혼인 날자는 대개 신부가

될 집에서 적당하고 吉한 날을 가리어 신랑이 될 집으로 신랑

이 될 집에서 택일하여 신부가 될 집으로 보내는 例도 많다。쓰는 法은 四柱와 같다。

③婚書紙＝혼서지는 신랑집에서 결혼식 전일이나 當日에 신부집 주혼자에게 보내는 人事

文이다。規格과 종이 皮封만드는 요령은 四柱의 例와 같다。記入方法은 보기를 보면서

一、신랑이 될 주혼자의 성씨본관을 기입한다。新郎이 될 主婚者가 경주김씨라면 慶州

后人이라고 쓴다。

二、金○○拜—주혼자의 성명이다。신랑 부친이 주혼 (主婚) 이면 신랑부친의 성명을

쓰고 兄이 主婚이면 형의 성명을 쓰며 母親이 주혼이면 모친의 본관과 성명을 쓴다。

三、時維孟多—季節에 따라 隨稱한다。즉 正、四、七、十月은 孟이요、二、五、八、十

一月을 仲이며 三、六、九、十二月은 季字을 붙인다。

연구하시기 바란다。

四、僕之長子―次子는 僕之次子 三子는 僕之三子、弟은 僕之弟、姪은 僕之姪이라 한다.

여기서 僕이란 主婚이 自稱한것 즉 장가들 사람이 나의 몇째아들 나의 몇째동생 등이란 뜻이다.

五、僕之長子아래 ○○는 장가들 사람 新郎의 이름이다. 姓은 기재하지 않는다.

六、令愛―신부측 부친이나 모친에게 그의 딸을 높인말 즉 신부측 주혼자의 딸이면 令愛 손녀이면 令孫女 누이동생이면 令妹 윗누이면 令姉氏 조카딸이면 令姪女라고 쓰면 된다.

七、年月日「大事日 즉 婚姻日의 年月日을 쓴다.

四星內紙

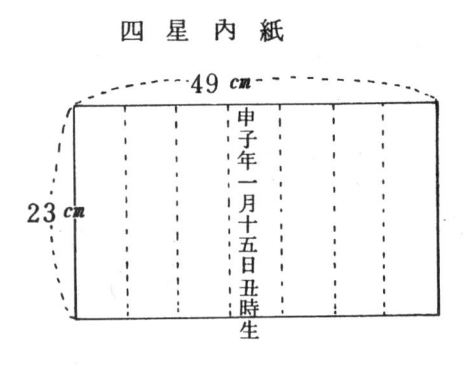

申子年一月十五日丑時生

49 cm
23 cm

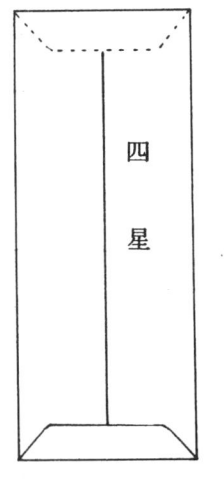

四星

金生員宅　下執事　入納

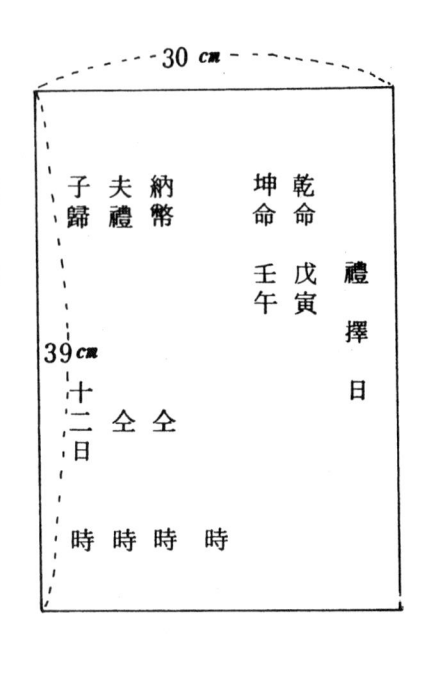

49 cm
60 cm

尊照謹拜上狀
不備伏惟
尊妓許以令愛　室妓有先人之禮謹行納幣之儀
尊體百福僕之長子（이름）○○年既長成未有伉儷伏家
時維　孟春
慶州后人金金　○　○　再拜
年　月　日

30 cm
39 cm

禮擇日
乾命　戊寅　全　時
坤命　壬午　全　時
納幣　全　時
夫禮　十二日　時
子歸　時

長子○○（婚主에 따라 次子 孫子
侄등으로 바꾸어 씀）
令　愛（婚主에 따라 孫女・侄女
등으로 바꾸어 씀）

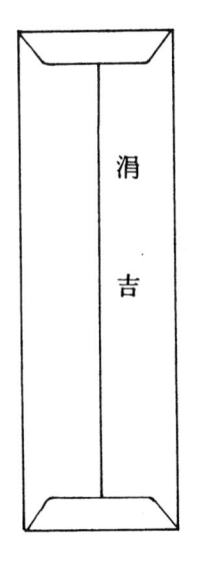

涓
吉

金生員宅　下執事　入納

— 88 —

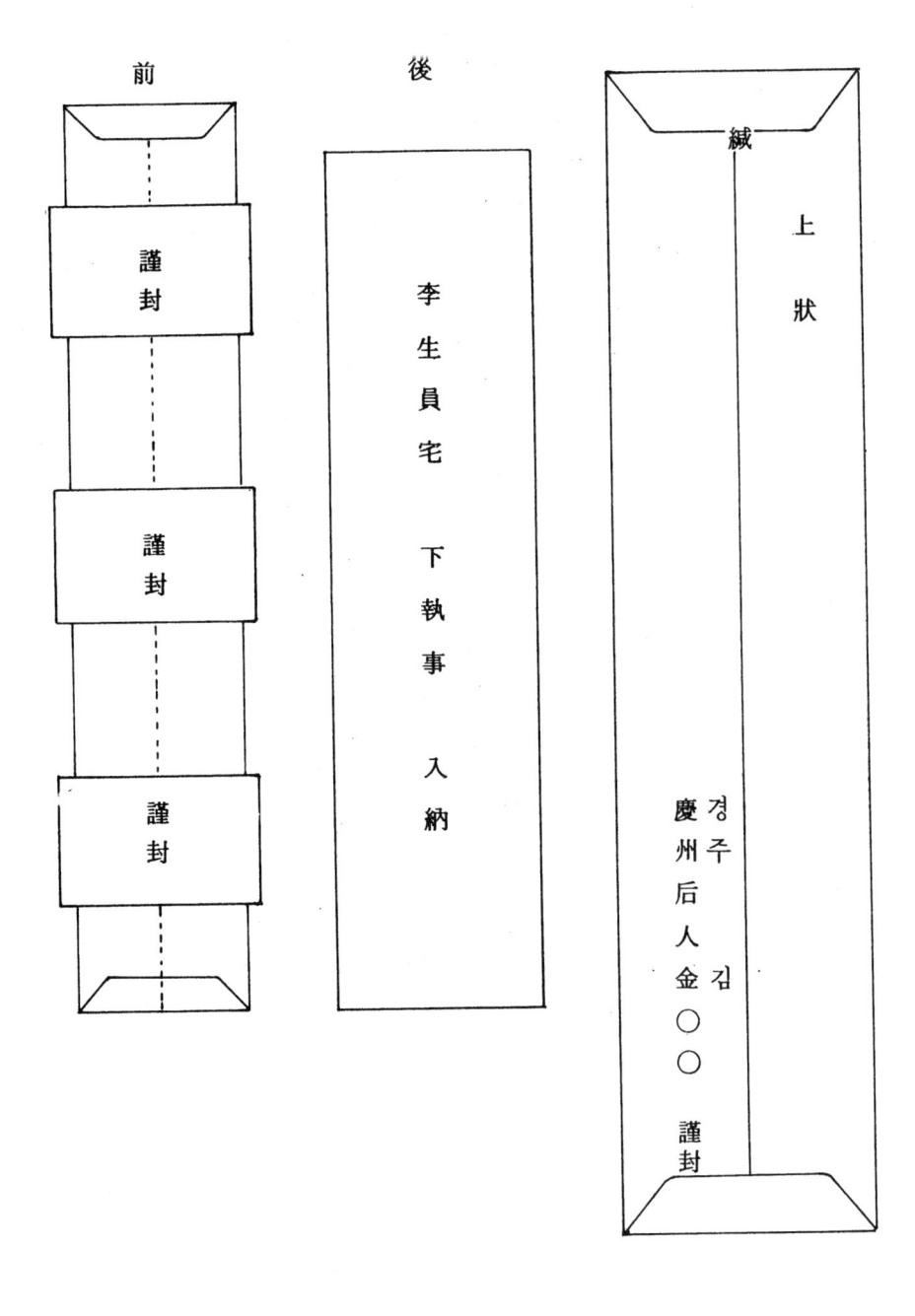

제三장 移從、入宅과 起造門

一、移從方位法

1、移從吉凶方

이 사방위법은 여러가지가 있으나 남녀를 구별하여 연령별로 다음과 같은 방법이 가장 정확하다。단 대장군、삼살、상문살 방위는 참고해야 한다。도표와 해설은 다음과 같다。

移從吉凶方圖表

東	央中	연 령 （세）	
八宮印	一天祿	八八七六五四三二一 九○一二三四五六七	男
		九八七六五四三二一九 ○一二三四五六七八	女
九退食	二眼損	九八七六五四三二一九 ○一二三四五六七八	男
		九八七六五四三二一一 一二三四五六七八九○	女
一天祿	三食神	八八七六五四三二一一 一二三四五六七八九○	男
		八八七六五四三二二一 二三四五六七八九○一	女
二眼損	四徵破	九八七六五四三二二一 二三四五六七八九○一	男
		九八七六五四三三二一 三四五六七八九○一二	女
三食神	五五鬼	八八七六五四三三二一 三四五六七八九○一二	男
		九八七六五四四三二一 四五六七八九○一二三	女
四徵破	六合食	九八七六五四四三二一 四五六七八九○一二三	男
		九八七六五五四三二一 五六七八九○一二三四	女
五五鬼	七親鬼	九八七六五五四三二一 五六七八九○一二三四	男
		九八七六六五四三二一 六七八九○一二三四五	女
六合食	八宮印	九八七六六五四三二一 六七八九○一二三四五	男
		九八七六五四三二一 七八九○一二三四五六	女
七親鬼	九退食	九八七六六五四三二一 七八九○一二三四五六	男
		九八八七六五四三二一 八九○一二三四五六七	女

— 90 —

南東	南	西南	西	北西	北	東北
九退食	五五鬼	七親鬼	三食神	二眼損	六合食	四徵破
一天祿	六合食	八官印	四徵破	三食神	七親鬼	五五鬼
二眼損	七親鬼	九退食	五鬼鬼	四徵破	八官印	六合食
三食神	八官印	一天祿	六合食	五五鬼	九退食	七親鬼
四徵破	九退食	二眼損	七親鬼	六合食	一天祿	八官印
五五鬼	一天祿	三食神	八官印	七親鬼	二眼損	九退食
六合食	二眼損	四徵破	九退食	八官印	三食神	一天祿
七親鬼	三食神	五五鬼	一天祿	九退食	四徵破	二眼損
八官印	四徵破	六合食	二眼損	一天祿	五五鬼	三食神

一 天祿方—재물이 생기고 관록을 얻는 方位이다.

二 眼損方—눈이 멀게되고 재산의 손실을 얻는 方位이다.

三 食神方—재산이 불어나고 매사에 大吉한 方位이다.

四 徵破方—패재하여 도적당하고 사기 당하는 方位이다.

五 五鬼方—가택이 편치못하고 질병이 많은 方位이다.

六合食方―부자가 되고 가정이 화목한 方位이다。

七親鬼方―관재구설이 있고 소송사건이 생기는 方位이다。

八官印方―재수도 좋고 관록도 얻는 方位이다。

九退食方―재물이 쇠퇴되고 가정불화가 생기는 方位이다。

2、 年凶方位

①年凶方位=申子辰年은 亥子丑方 巳酉丑年은 申酉戌方、 寅午戌年은 巳午未方、 亥卯未年은 寅卯辰方으로 이사하면 大凶하다。

②大將運方位=亥子丑年은 酉方、寅卯辰年은 子方、巳午未年은 卯方、申酉戌年은 午方이 大將軍方位인데 이사하게 되면 병자가 자주 생기며 태주의 해야 하는 不吉한 方位이다。

③三殺方位=申子辰年은 巳午未方、巳酉丑年은 寅卯辰方、寅午戌年은 亥子丑方、亥卯未年은 申酉戌方이 三殺方位인데 이사하면 食口中死別 또는 財運不吉해 지는 方位이다。

④喪門殺=子年寅方、丑年卯方、寅年辰方、卯年巳方、辰年午方、巳年未方、午年申方、未年酉方、申年戌方、酉年亥方、戌年子方、亥年丑方이 喪門殺方位인데 이사하면 웃사람이 死亡한다고 하는 方位이다。

⑤吊客殺=子年戌方、丑年亥方、寅年子方、卯年丑方、辰年寅方、巳年卯方、午年辰方、未年巳方、申年午方、酉年未方、戌年申方、亥年酉方이 吊客殺方位인데 이사하면 집안에 자녀에 질병이 떠날날이 없는 方位이다。

3、 月凶方位

① 月凶方位＝正月 寅卯辰方、 二月 五辰方、 三月 酉方、 四月 亥方、 五月 卯方、 六月 戌方、 七月 申方、 八月 子方、 九月 卯方、 十月 午方、 十一月 巳方、 十二月 子方。

② 月殺方＝正、 五、 九月은 丑方、 二、 六、 十月은 戌方。 三、 七、 十一月은 未方。 四、 八、 十二月은 辰方인데 月殺方에 이사하면 도적이 침투하고 손해 볼일이 생기며 火災도 위험한 方位이다.

③ 月大將軍＝正、 五、 九月은 東方。 二、 六、 十月은 南方。 三、 七、 十一月은 西方。 四、 八、 十二月은 北方에 大將軍이 있으니 주위하길 바란다.

4、 日凶方位＝寅午戌日은 申酉戌方、 申子辰年은 寅卯辰方、 巳酉丑年은 亥子丑方、 亥卯未日은 巳午未方이 이사하는데 凶方位이고 또 일태백살 (손) 도 凶方位이니 이사하지 말아야 한다.

太白殺은 一日은 東方、 二日은 東南方、 三日은 南方、 四日은 西南方、 五日은 西方、 六日은 西北方、 七日은 北方、 八日은 東北方이고 九日과 十日은 殺이 天上空中에 올라가므로 太白殺 (손) 이 없다. 여기서 一日은 一日、 十一日、 卄一日을 말한다. 다른일도 마찬가지이다.

二、 移從日

1、 月別 移從吉日

이사는 대주의 生年干支를 주동하여서 冲破害가 되면 凶이되며 合日이 되면 吉日이 되로

月	日						
正月	九日	壬辰日	丙辰日	丁未日	辛未日	甲子日	
二月	三日	甲子日	甲午日	乙丑日	乙未日		
三月	四日	丙寅日	庚午日	己巳日	壬寅日	甲子日	
四月	二日	癸卯日	甲午日	丙午日	庚午日	甲子日	
五月	七日	庚申日	甲申日	甲寅日	丁酉日	甲子日	
六月	六日	甲寅日	丁酉日	甲子日			
七月	九日	庚戌日	甲戌日	甲子日			
八月	三日	乙亥日	乙丑日	癸丑日	甲子日		
九月	四日	甲午日	甲申日	甲申日	丙午日	甲子日	
十月	二日	甲子日	庚辰日	甲午日	戊子日	壬午日	癸丑日
十一月	七日	乙丑日	癸丑日	乙未日	丁丑日	丁未日	辛未日
十二月	六日	甲寅日	庚寅日	丁卯日	乙亥日	己亥日	辛亥日

2, 月別移從大凶日 = 다음 月別 기재한 日辰은 移從大凶日이니 이사를 하여서는 안되는 날이다。

가령 正月은 戌丑巳未寅日에는 移從大凶日이다。

烈 ＼ 月	正月	二月	三月	四月	五月	六月	七月	八月	九日	十月	十一月	十二月
受死日	戌	辰	亥	巳	子	午	丑	未	寅	申	卯	酉
血支日	丑	寅	卯	辰	巳	午	未	申	酉	戌	亥	子
消滅日	巳	子	丑	申	卯	戌	亥	午	未	戌	亥	子
病死日多	未	戌	辰	寅	午	子	酉	申	巳	寅	酉	辰
凶日	寅	午	酉	巳	午	卯	午	未	申	丑	丑	卯

3、移從日＝ ①②項은 月別로 논하였지만 본항에서는 공용 日辰으로 설명하였다。吉日
은 甲子 乙丑 丙寅 庚午 丁丑 乙酉 庚寅 壬辰 癸巳 乙未 壬寅 癸卯 丙午 庚戌 癸丑 乙卯
丙辰 丁巳 己未 庚申 驛馬 月恩 四相日이고 凶日은 歸忌、往亡、天賊、受死、伏斷、月厭、
建、破、平、收日、家主本命、本命對冲日이다。

4、人宅日＝입택이란 이사와 같은 말인데 이사는 오직 다른 곳으로 살림을 옮겨가 사
는 것이나 입택은 집을 떠난 사람이 자기집으로 들어온다는 뜻도 되고 또는 새로 집을
짓고 처음으로 들어가 사는 것을 말한다。그리고 이 入宅日은 祖上의 神位 혹은 기타의
福神을 새로 이사한 집으로 옮겨놓고 香을 올리는데 吉한 날이다。이날에도 이사하면 大

吉하다.

① 甲子、乙丑、丙寅、丁卯、己巳、庚午、辛未、甲戌、乙亥、丁丑、癸未、甲申、庚寅、壬辰、乙未、庚子、壬寅、癸卯、丙午、丁未、庚戌、甲寅、乙卯、己未、庚申、辛酉日과 天德、月德、天德合、月德合、天恩、黃道、母倉、驛馬、滿、成、開日이 吉하다.

② 入新家吉日―甲子、乙丑、庚子、癸丑、庚寅、戊辰、癸巳、庚午、癸酉。

③ 入舊屋吉日―春 甲寅日、夏 丙寅日、秋 庚寅日、冬 壬寅日。

④ 入宅、家神移安에 忌하는 날은 歸忌、受死、天賊、伏斷、本命、及、冲日、建、破、平、收日이다.

5、分家産吉日=한집에 같이 살고 있던 자녀나 또는 형제간에 세간을 따로 날때에는 다음날을 이용하면 좋다. 그리고 아들이나 딸 또는 형제를 위하여 부동산이나 가택을 사려고 할때에도 이날을 이용하면 좋다.

正月―己卯 壬午 癸卯 丙午

三月―辛卯 庚子 癸卯

五月―辛未 庚辰 甲辰 戊辰

七月―丙辰 庚辰 戊辰 壬辰

九月―庚午 壬午 戊子 庚子

十一月―乙丑 乙亥 丁丑 己丑 癸丑

二月―己酉 辛未 癸未 乙未 己亥 己未

四月―吉日이 無함

六月―乙亥 己卯 辛卯 癸卯

八月―乙丑 乙巳 甲戌 乙亥 己亥 庚申

十月―甲子 丙子 戊子 庚子

十二月―辛卯 癸卯 庚甲 乙卯 壬申

6、移徙周堂=大月에는 安字에서 初一日을 起하여 利字로 향해 順行하고 小月에는 天字

◉ 各神定局 (早見表)

月別	大德	月德	天德合	月德合	驛馬	四相	普護
正	丁	丙	壬	辛	申	丁丙	申
二	申	甲	巳	己	巳	丁丙	寅
三	壬	壬	丁	丁	寅	丁丙	酉
四	辛	庚	丙	乙	亥	己戊	卯
五	亥	丙	寅	辛	申	己戊	戌
六	甲	甲	己	己	巳	己戊	辰
七	癸	壬	戊	丁	寅	癸壬	亥
八	寅	庚	亥	乙	亥	癸壬	巳
九	丙	丙	辛	辛	申	癸壬	子
十	乙	甲	庚	己	巳	乙甲	午
十一	巳	壬	申	丁	寅	乙甲	丑
十二	庚	庚	乙	乙	亥	乙甲	未

移從周堂圖

安	利	天
災		害
師	富	殺

에서 初一日을 起하여 利字로 향해 逆行하는데 安利歸富日을 만나면 吉하다.

月恩	滿日	成日	開日	歸日	往亡	天賊	受死	水隔	建日	破日	平日
丙	辰	戌	子	丑	寅	戌	戌	戌	寅	申	巳
丁	巳	亥	丑	寅	巳	酉	辰	申	卯	酉	午
庚	午	子	寅	子	申	寅	亥	午	辰	戌	未
己	未	丑	卯	丑	亥	未	巳	辰	巳	亥	申
戊	申	寅	辰	寅	寅	子	卯	寅	午	子	酉
辛	酉	卯	巳	子	巳	巳	子	子	未	丑	戌
壬	戌	辰	午	丑	申	戌	午	戌	申	寅	亥
癸	亥	巳	未	寅	亥	卯	丑	申	酉	卯	子
庚	子	午	申	子	寅	申	未	午	戌	辰	丑
乙	丑	未	酉	丑	巳	丑	寅	辰	亥	巳	寅
甲	寅	申	戌	寅	申	午	申	寅	子	午	卯
辛	卯	酉	亥	子	亥	亥	酉	子	丑	未	辰

危日	收日	厭對	年度	風波	河伯
酉	亥	辰	子	子	亥
戌	子	卯	丑	丑	子
亥	丑	寅	寅	寅	丑
子	寅	丑	卯	卯	寅
丑	卯	子	辰	辰	卯
寅	辰	亥	巳	巳	辰
卯	巳	戌	午	午	巳
辰	午	酉	未	未	午
巳	未	申	申	申	未
午	申	未	酉	酉	申
未	酉	午	戌	戌	酉
申	戌	巳	亥	亥	戌

天恩 甲子 乙丑 丙寅 丁卯 戊辰 己卯 庚辰 辛巳 壬午 癸未 己酉 庚戌 辛亥 壬子 癸丑。

伏斷日 子日虛 丑日斗 寅日室 卯日女 辰日箕 巳日房 午日角 未日張 申日鬼 酉日觜

戌日胃 亥日壁。

三、起造門

 기조란 모든 建物을 짓고 수리하는 것으로서 이러한 行事에 관하여 날을 가리고 方向을 가리며 坐向의 運 그리고 成造運 등을 보는 것으로서 즉 陽宅이라고도 한다。 대개 집을 짓거나 수리하는 데는 반드시 年月日時에 대한 운의 길흉부를 보아서 避凶就吉해야 되며 함부로 아무렇게나 다루어서는 疾病、損財、死亡의 厄이 이를 우려가 있으니 자세히 考看하여 取用함이 可하다.

1、四角法＝四角이란 乾、巽、艮、坤의 四間方으로서 년령배치법에 依하여 四角方에 년령이 닿으면 成造가 不吉하고 坎、離、震、兌의 四正方에 닿으면 成造大吉하다는 것이다.

그런데 四角을 짚어 보는 法은 金樓四角法과 六親四角法의 두가지가 있다. 두가지 四角法을 다 맞추면 大吉하겠으나 形便上 不得已한 경우는 그중 一(한) 法만 맞추어 成造해도 無妨하겠다.

金樓四角年齡配置

48 58 68 78 (巽) 8 18 28 38	49 59 69 79 (離) 9 19 29 39	50 60 70 80 (坤) 10 20 30 40
47 57 67 77 (震) 7 17 27 37	64 65 74 75 84 85 44 45 54 55 (中) 4 5 14 15 24 25 34 35	41 51 61 71 81 (兌) 1 11 21 31
46 56 66 76 (艮) 6 16 26 36	43 53 63 73 (坎) 3 13 23 33	42 52 62 72 (乾) 2 12 22 32

① 金樓四角＝년령 돌리는 法―成造人(주인공)의 년령 一세를 兌宮에 붙여 乾、坎、艮、震으로 順行하는데 但四、五세(一四、一五、二四、二五세 등도 같음)는 中官에 넣고 六歲以後는 다시 나와 같은 요령으로 계속 돌려 짚다가 해당되는 년령에서 멈춘다. 다시말하면 一세를 兌에 붙여 順行하면 二세 乾、三세 坎、四五세 中官、六세 艮、七세 震、八세 巽、九세 離、十세 坤、十一세 兌、十二세 乾、十三세 坎、十四、

十五세中、十六세 艮이니 이런 식으로 짚어나가면 결국 단수자리가 같은 官에 닿는다。

그리하여 단수가 二、六、八、十세가 되는 곳은 乾坤艮巽의 四角方에 닿고 一、三、七、

九세는 坎、離、震、巽의 四正方에 닿으며 四、五세는 中官에 닿게 된다。 년령이 四角方

이나 中官에 들면 成造不吉하고 四正方（坎、離、震、兌）에 들면 成造에 吉하다。 즉 二、

四、五、六、八、十세는 不吉 一、三、七、九세는 吉하다。

② 六親四角―日家에서는 대개 金樓四角보다 이 六親四角法을 많이 쓰고 있다。 연령 돌

리는 法은 연령 一세를 坤宮에 붙여 兌、乾、坎方으로 順行하다가 但五세는 中宮에 넣고

六세에 다시나와 艮、震、巽으로 계속 돌려 짚는다。 例를 들어 一세를 坤宮에 붙이면 二

세 兌、三세 乾、四세 坎、五세 中（五、十五、二十五、三十五、四十五、五十五 등은 언

제는지 中宮에 넣는다） 六세는 坎의 다음자리인 艮、七세 震、八세 巽、九세 離、十세

坤、十一세 兌、十二세 乾、十三세 坎、十四세 艮、十五세 中、十六세는 艮宮 다음자리인

震、十七세 巽 이와같이 계속 연령을 배치해나가 五十세만은 中宮에 넣고 五十一세에 다

시 外宮으로 나와 계속 배치해 나간다。 이 法도 金樓四角과 마찬가지로 연령이 乾、坤、

艮、坤의 四角方에 닿거나 中宮에 들면 成造不吉하고 坎、離、震、巽의 四正方에 들면 성

조에 吉하다。 그런데 四角方에 닿더라도 해당되는 사람이 없으면 無害하므로 成造할 수

있다。

참고적으로 설명하면 坎、離、震、兌은 成造不吉하다。

自己四角、🔲四角은 成造에 大凶하다。

巽 角四馬牛	離 吉造成	坤 角四子妻
震 吉造成	中 角四宮	兌 吉造成
艮 角四己自	坎 吉造成	乾 角四母父

年齡配置圖

53 　 8	54 　 9	46 　 1
62 （17	63 （18	56 （10
71 巽 26	72 離 27	64 坤 19
80 ）34	81 ）36	73 ）28
89 　 43	90 　 44	82 　 37
52 　 7	50 　 5	47 　 2
61 （16	55 （15	57 （11
70 震 24	65 中 25	66 兌 20
79 ）33	75 ）35	74 ）29
88 　 42	85 　 45	83 　 38
51 　 6	49 　 4	48 　 3
60 （14	59 （13	58 （12
69 艮 23	68 坎 22	67 乾 21
78 ）32	77 ）31	76 ）30
87 　 41	86 　 40	84 　 39

父母四角은 부모가 死亡한 뒤라면 연령이 이곳에 닿더라도 성조할 수 있다. 단 父母가 있으면 成造를 못한다.

妻子四角은 成造하면 妻子에게 有害하니 역시 不利하다.

牛馬四角은 但畜舍를 짓지 못하고 또는 이를 犯하면 牛馬등 六畜이 不盛하다. 다른 건 物은 관계없다.

成造運一覧表

五七	五三	四九	四五	四一	三七	三三	二九	二五	二一	一七	一三	九	五	一	年齢
吉	牛馬四角	吉	竈四角	自四角	妻子四角	吉	吉	竈四角	父母四角	牛馬四角	吉	吉	竈四角	妻子四角	六親
吉	中	吉	凶	凶	吉	吉	吉	凶	中	中	吉	吉	凶	中	金樓
五八	五四	五〇	四六	四二	三八	三四	三〇	二六	二二	一八	一四	一〇	六	二	年齢
父母四角	吉	竈四角	妻子四角	吉	吉	牛馬四角	父母四角	吉	吉	自四角	妻子四角	自四角	吉	吉	六親
中	吉	凶	中	吉	吉	中	中	吉	吉	凶	中	凶	吉	吉	金樓
五九	五五	五一	四七	四三	三九	三五	三一	二七	二三	一九	一五	一一	七	三	年齢
吉	竈四角	自四角	牛馬四角	父母四角	竈四角	吉	吉	自四角	妻子四角	竈四角	吉	吉	父母四角	吉	六親
吉	凶	凶	吉	中	中	凶	吉	吉	凶	中	凶	吉	中	中	金樓
六〇	五六	五二	四八	四四	四〇	三六	三二	二八	二四	二〇	一六	一二	八	四	年齢
自四角	妻子四角	吉	父母四角	吉	吉	吉	自四角	妻子四角	吉	吉	父母四角	牛馬四角	吉	吉	六親
凶	中	吉	中	吉	吉	吉	凶	中	吉	吉	吉	中	中	中	金樓

六一	吉	六二	牛馬四角	六三	吉	六四	妻子四角
六五	蠶四角	六六	凶	六七	父母四角	六八	吉
六九	自四角	七〇	吉	七一	牛馬四角	七二	吉
七三	妻子四角	七四	中	七五	蠶四角	七六	父母四角
七七	吉	七八	自四角	七九	吉	八〇	牛馬四角

年齡이 中宮과 四角에 닿으면 成造不利한데 四角에 닿더라도 해당되는 六親이 없으면 무방하다.

蠶四角도 中宮이므로 凶하다.

③成造三殺法

성조삼살법이란 본인의 띠 (출생한 해의 年支)와 태세의 支를 대조하여 보는데 금루사각법과 육친사각법에서 吉運이 되는 사람도 조심해야 한다. 大殺이 되면 새집 짓고 이내 中殺이면 二년이내 당년에 해가 있어 사망 질병 손재 등의 사고가 발생한다.

一, 申子辰年生은 申年이 大殺이며 子年이면 中殺이고 辰年에 成造하면 巽殺이 된다.

二, 亥卯未年生은 亥年이 大殺이며 卯年이 中殺이고 未年에 成造하면 巽殺이 된다.

三, 巳酉丑年生은 巳年이 大殺이며 酉年이 中殺이고 丑年에 成造하면 巽殺이 된다.

四, 寅午戌年生은 寅年에 大殺이며 午年이 中殺이고 戌年에 成造하면 巽殺이 된다.

2、 起造年月 = 四角法은 主人公의 연령으로 성조운의 吉凶을 보는 것이지만 여기에서는 주인공의 生年으로 流年太歲를 맞추어 운을 보는 것이며 또는 本命을 不問하고 六十甲子 年 가운데서 起造에 吉한 年을 알아보는 法이다. 그리고 이 항은 비단 新屋을 建立하는 것뿐 아니라 舊屋을 修理하거나 달아내는데도 적용된다.

① 歲干吉年 = 주인공의 本命 (年支) 으로 유연태세의 天干을 대조하여 본다.

亥子生은 甲、丁、戊、己、壬、癸年吉

丑寅生은 丙、丁、戊、辛、壬、癸年吉

卯辰生은 乙、丙、丁、庚、辛、壬年吉

巳午生은 甲、乙、丙、己、庚、辛年吉

未申生은 甲、乙、戊、己、庚、癸年吉

酉戌生은 甲、乙、戊、己、庚、癸年吉

② 歲支吉年

區分 / 生年	申子辰年生	巳酉丑年生
吉年 (例)	亥 丑 子 寅 卯	申 酉 戌 子 亥
六壬生運	申 酉 戌 亥 子	巳 午 未 申 酉
六壬死運	未 丑 寅 卯 辰 巳 午	戌 亥 子 丑 寅 卯 辰
三災	辰 卯 寅	丑 子 亥
太歲入宅	丑 酉 巳	戌 午 寅
命破	戌	未
墓破	辰	丑
劫殺	巳	寅
災殺	午	卯
天殺	未	辰
地殺	申	巳

寅午戌年生			亥卯未年生		
巳 午	未 申	酉	寅 卯	辰 巳	午
寅 卯	辰 巳	午	亥 子	丑 寅	卯
丑	戌 亥 子	未 申 酉	戌	未 申 酉	辰 巳 午
戌	酉	申	未	午	巳
未	卯	亥	辰	子	申
辰			丑		
戌			未		
亥			申		
子			酉		
丑			戌		
寅			亥		

例를 들면 申子辰年生이라면 亥子丑寅卯年이 起造吉年이다. 그러나 이중에서 丑年은 六壬死運이므로 不利하고 寅卯年은 六壬死運三災가 겹쳐 마땅치가 않다. 오직 亥子 二年만이 大吉한데 부득이 丑寅卯年의 예나 吉年으로 起造하려면 반드시 申酉戌亥子月의 六壬生運을 得合해야만 吉하다. 기타의 生도 모두 申子辰年生의 例와 같은 방법으로 起造年月을 선택하기 바란다.

③ 歲干支吉年

다음은 主人公의 生年을 不計하고 건축 및 가옥수리에 吉한 年이다. 위 성조운과 本命 起造運을 并合해 보라.

乙丑、戊辰、庚午、乙酉、丙戌、己丑、庚寅、辛卯、癸巳、乙未、戊戌、庚子、乙卯、丙辰、己未、庚申、辛酉、癸亥年。

④ 起造吉月

出生年支에 따라 起造吉月은 다음과 같다.

申子辰年生은　辰申戌亥子月吉

亥卯未年生은　亥子丑寅卯月吉

寅午戌年生은　寅卯辰巳午月吉

巳酉丑年生은　巳午未申酉月에 건축 시작하면 吉하다.

3、家坐運 및 地運定局

① 가좌운이란 그 사람이 살아서 좋아지는 집坐향을 보는 것이다. 즉 집을 짓던지 또는 집을 사서 이사할 때에 어떤 좌향의 집이 좋은가를 보는 것이다. 그외에도 현재 살고 있는 집이 자신의 운에 맞는 집인가를 살펴보고 셋방에 살게 되어도 집의 운이 맞으면 좋다. 사무실、상점 등 영업장소에서도 운이 맞으면 좋을 것인데 부득이 사정으로 운이 맞지 않는 장소이면 자신이 사용하고 있는 책상이라도 운이 맞는 장소에서 사용하면 좋다.

② 지운정국은 여러 방법이 있다. 그중 널리 사용되고 있는 것만 설명하겠다.

ㄱ、자신의 四柱의 用神과 출생 年支를 상생하여 주는 五行方位가 좋다. 가령 四柱用神이 火이면 (五行 소속 일람표 참고) 巽、甲、乙、寅、卯坐가 吉하다. 다시 예를들면 출생년지가 子年生이면 子는 五行으로 水이니 水를 상생 (도와 주는것) 하는 五行은 金이므로 金에 해당하는 坐 즉 乾、庚、辛、申、酉坐가 吉하다.

ㄴ、공통적으로 地運定局을 보면 辰戌丑未年生은 甲寅丙壬 寅甲巳亥坐、寅申巳亥年은 子午卯酉 乙辛丁癸坐、子午卯酉年은 乾坤艮巽辰戌丑未坐가 大吉이다.

ㄷ、 출생 년支별 본채의 坐吉凶

子年生은 辰壬坐向、 丑年生은 艮巽坐向、 寅年生은 甲丙坐向、 卯年生은 辰丁坐向、 辰年生

은 坤申巽坐吉庚酉坐向、 巳年生은 庚丙卯坐吉丑癸坐凶、 午年生은 未申戌坐吉 乙辰坐向、 未

年生은 乾亥艮坐吉 巽巳坐凶、 戌年生은 巳亥艮寅坐吉 辛戌子壬坐凶 亥年은 子午甲卯坐吉

未丁乾亥坐凶。 ※참고 向은 상대되는 방향이다。 가령 辰壬向이면 戌坐와 丙坐이다 (폐철

을 참고 하시기 바람)

凶이 기재되어 있지 않는 것은 凶坐가 없는 것이다。

ㄹ、 모든 가좌운에 있어서 자신이나 대주의 출생 年支 방향을 사용하면 안된다。

가령 건축하고자 하는 사람이 출생 年支가 子年生이라면 본채를 子坐를 건축하여서는

안되고 子坐로 이사하여서도 안된다。 그외 사랑채、 대문、 상하수도、 화장실등도 子方에

지으도 안되고 있어서도 안된다。

ㅁ、 陽宅은 東方과 南方이 막히는 곳이 없으면 吉하고 西方과 北方은 막히는 곳이 좋다。

ㅂ、 坐年運

당년태세 年으로 坐와 坐로서 年運을 맞추는 방법이다。 전항의 출생년 地運定局 吉坐에

서 다음의 坐를 선택하면 大吉한 坐이다。

子午卯酉年은　辰戌丑未　乙辛癸丁坐　大吉

辰戌丑未年은　寅申巳亥　艮坤巽乾坐　大吉

寅申巳亥年은　子午卯酉　壬丙甲庚坐　大吉

건축뿐만 아니라 건물의 수리함에 있어서도 사용한다.

가령 출생년지가 子年生이 丑年에 집을 지을 경우 (건축을 할 경우) 에는 ㉡항은 생조

의 이사등 공용이므로 乾坤艮巽辰戌丑未坐와 ㉡항의 본채坐인 辰戌壬丙坐가 좋은데 이중

에서 丑年에 吉坐는 乾坤艮巽坐이므로 乾坤艮巽坐를 선택하면 大吉하다.

ㅅ、기타 地運定局 吉坐

다음의 坐는 이사 및 사무실 책상 등에 사용한다.

태세주	坐					
子	壬子	艮寅	乙辰	丙午	坤申	辛戌
丑	癸丑	甲卯	巽巳	午未	庚酉	乾亥
寅	壬子	艮寅	乙辰	丙午	坤申	辛戌
卯	癸丑	甲卯	巽巳	午未	庚酉	乾亥
辰	壬子	艮寅	乙庚	丙午	坤申	辛戌
巳	癸丑	甲卯	巽巳	午未	庚酉	乾亥
午	壬子	艮寅	乙辰	丙午	坤申	辛戌
未	癸丑	甲卯	巽巳	午未	庚酉	乾亥
申	壬子	艮寅	乙辰	丙午	坤申	辛戌
酉	癸丑	甲卯	巽巳	午未	庚酉	乾亥
戌	壬子	艮寅	乙辰	丙午	坤申	辛戌
亥	癸丑	甲卯	巽巳	午未	庚酉	乾亥

이외의 坐는 모두 凶坐이다. 가령 출생 年支가 子年生이 丑年에 이사 및 사무실 책상

을 옮길 경우에는 ㉡항 공통 (용) 지운정국에서 子年生은 乾坤艮巽辰戌丑未坐가 大吉이라

고 기재되어 있으므로 이중에서 右地運定局의 丑年에서 선택하면 乾巽丑未坐이다。 그러므

로 이사 및 사무실 책상을 옮길 경우에는 乾巽丑未坐가 좋다。

모든 陽宅과 陰宅은 坐를 정하는데 있어서 출생년지만 보는 것이 아니고 당년 태세와

종합하여야 한다。

4、 新家作時 大門、 우물、 화장실등 내는 法

子方大門이면 도적이 침해 한다。

丑方大門이면 여자가 음란하며 도망한다。 또는 재산파피、 투쟁등 발생한다。 취사장도

不吉하다。

寅方大門이면 재산이 失財하고 취사장이 있으면 화재가 발생한다。 창고가 있으면 依食

多有다。

卯方大門이면 意外變有하다。 卯方의 화장실 또는 우물은 집안 식구중 불구자가 발생한

다。

辰方大門은 六畜이 왕성하다。 취사장도 길하다。 辰巳間에 井戸를 지으면 大吉하다。

巳方大門은 無言無凶하고 취사장을 두면 화재 위험하다。

午方大門은 재운은 吉하나 老人多有된다。 古井면 盲人出하고 취사장이 있으면 화재 有

하고 변소도 不吉하다。

未方大門은 한가한 집안이 되며 우물이 있으면 右目傷人出한다。

申方大門은 길하며 창고가 있으면 재산이 만족하다。

酉方大門은 大凶하고 우물이 있으면 啞生하고 창고가 있으면 손재가 많다.

戌方大門은 자손이 총명하다.

亥方大門은 패가하며 아이가 사망하는 수가 있다.

春作東門不吉, 夏作南門不吉, 秋作西門不吉, 冬作北門不吉하다.

다시한번 설명하면 새집을 건축할 경우에는 취사장은 辰方이 吉하고 丑方、寅方、巳方、午方은 凶하고 그의 方은 무방하다.

우물은 辰巳間方이 大吉하고 卯方、午方、未方、酉方이 凶하고 그의 方은 무방하다.

창고 또는 고방은 아무 方이나 상관없는데 寅方、申方은 大吉하다.

大門은 辰方、巳方、午方、未方、申方、戌方이 吉하고 子方、丑方、寅方、卯方、酉方亥方이 凶한 方位이다.

5、 집坐向別 大門見法

子坐　丙乾坤巳未戌方大吉 ・ 丑坐　丙巳戌乾坤方大吉

寅坐　丁庚午申方吉 ・ 卯坐　丙癸巳戌子乾方吉

辰坐　癸乾子戌方吉 ・ 巳坐　壬坤艮丑未亥方吉

午坐　巽艮丑申方吉 ・ 未坐　丙巽艮辰申方吉

申坐　甲乾巽寅辰戌方吉 ・ 酉坐　巽坤辰未方吉、庚寅方平吉

戌坐　丁巽寅辰申午方吉 ・ 亥坐　庚辛艮丑未戌方吉

乾坐　壬艮坤未方吉 ・ 坤坐　甲乾巽寅戌子方吉

巽坐　庚巽乾申戌子方吉

甲坐　甲庚乾戌午方門吉

丙坐　壬坤艮丑未亥方吉

庚坐　乾巽辰戌方吉、甲寅方平吉

壬坐　丙午乾方吉

艮坐　丁庚申午方吉

乙坐　癸乾戌子方吉

丁坐　癸艮子寅方吉

辛坐　甲丁癸子寅辰方吉

癸坐　丙乾坤巳未戌方吉

6、百凶座

다음에 해당되는 方所에 建築하든가 또는 무슨 물품을 두게 되면 疾病이 생기거나 死亡하는 수 있다.

歲는 坤方凶　二歲北方凶　三歲는 南方凶　四歲는 艮方凶　五歲는 西方凶　六歲는 乾方凶　七

歲는 中宮無凶　八歲는 巽方凶　九歲는 東方凶　九歲以上은 九九로 除之하고 보기 바란다.

四、起造吉日

1、全 吉 日

①全吉日은 家屋을 建立하는데 뿐아니라 修理、增築 등에도 쓰이는 날자로 옛날 黄帝의 質問에 九天玄女가 대답한 吉이이니 適宜使用함이 좋다.

甲子、乙丑、丙寅、己巳、庚午、辛未、癸酉、甲戌、乙亥、丙子、丁丑、癸未、甲申、丙戌、庚寅、壬辰、乙未、丁酉、庚子、壬寅、癸卯、丙午、丁未、癸丑、甲寅、壬辰、乙未日 또는

大儉修日、黃道、天德、月德、月恩、四相、生氣、玉字、金堂、定、成、執、滿、開日이다。

옛날 黃帝氏가 물기를 「母上사람들이 좋다는 日辰을 가려 집을 짓고 수리함에 어떤 사람은 興하고 어떤 사람은 敗亡하니 어찌 좋다는 日辰을 가려 使用하였는데도 興敗함이 이와 같은고」하거늘 九天玄女가 대답하기를 무릇 집을 짓고 고치는데 있어서는 天地의 開通하는 氣와 六合、三神 및 三甲旬中의 生甲 그리고 全吉日을 만나면 만사가 大利하지만 만일 黑道日(현무、구진、주작、백호일)을 만나므로 이러한 이치를 모르고 擇用함이라 하였다。

가옥을 건축、증축、수리함은 물론 이어 일반택일、婚姻등 重大事에 있어서도 生甲旬은 大吉하고 病甲旬은 不利하며 死甲旬은 질병과 死亡의 厄이 있다。그러나 오직 葬埋하는 일에는 도리어 死甲旬이 吉하고 病甲旬은 平常이며 만일 生甲旬을 用하면 人口가 不安하고 六畜과 財物을 損失한다。그러므로 生病死甲을 운용하는 妙를 밝히 알아두어야 할 것이다。

起造(建屋、修家、增築등)를 운영함에도 반드시 生氣、福德法에 依하여 禍害、絕命日 을 피하여야 한다。

② 起造에 대한 總忌日은 다음과 같다。

黑道、諸官符(山家、天官、坐山、地官符)羅候、間殺、大耗、小耗、身皇、定命、白虎、大殺、三殺、大將軍、竈室、歲、破、灸、退、天賊、受死、伏斷、正四廢、轉殺、土瘟、土瘟、土忌、月破、永消瓦解、天罡、河魁、刀砧、天火日、建破日。

2、基地日=基地란 집터를 딱는다는 말인데 그 吉日은 甲子、乙丑、丁卯、辰辰、庚午、

辛未、己卯、辛巳、甲申、乙未、丁酉、己亥、丙午、丁未、壬子、癸丑、甲寅、乙卯、庚申、

辛酉日이고 忌하는 날은 玄武、黑道、天賊、受死、土瘟、土忌、土府、土禁、地囊、地破、

月破、正四廢、天地轉殺、建破、平、收日 及土旺用事後이다。

3、動土日＝動土란 집을 짓거나 修理할 目的으로 흙을 파고 흙을 옮기고、흙을 바르는

것을 말하는데 그 吉日로서는 甲子、庚午、辛未、癸酉、戊寅、己卯、庚辰、辛巳、甲申、丙

戌、甲午、丙申、戊戌、己亥、庚子、甲辰、丙午、丁未、癸丑、戊午、丁巳、辛酉、또는 黃

道、月空、天德、月德、天恩、四相、生氣、玉宇、金堂、益後甲乙戊己庚辛日除、定、執、危、

成、開日이고 忌하는 날은 土瘟、土府、土忌、地囊、天賊、地破、轉殺、建、破、平、收日

이다。

4、定礎日＝定礎란 주춧돌을 놓는 것으로 洋屋이나 벽돌건물은 기초콩크리하는 것과 마

찬가지이다。 定礎하는데 吉日은 甲子、乙丑、丙寅、戊辰、己巳、庚午、辛未、甲戌、乙亥、

戊寅、己卯、辛巳、壬午、癸未、甲申、丁亥、戊子、己丑、庚寅、癸巳、乙未、丁酉、戊戌、

己亥、庚子、壬寅、癸卯、丙午、戊申、己酉、壬子、癸丑、甲寅、乙卯、丙辰、丁巳、己未、

庚申、辛酉、또는 黃道、天德、月德、定、成日 및 모든 吉神을 만나는 날이고 정초에 忌하

는 날은 正四廢、天賊、建、破日이다。

5、竪柱日＝竪柱란 기둥을 세우는 것으로 洋屋인 경우 벽돌이나 불럭으로 壁을 쌓거나

콩크리 기둥 세우는 일에 해당한다。 吉한 날은 丙寅、己巳、乙亥、己卯、辛巳、甲申、乙

酉、戊子、己丑、庚寅、乙未、己亥、辛丑、癸卯、乙巳、戊申、己酉、壬子、甲寅、己未、庚

申、壬戌、寅申、巳亥日、三合、黃道、天德、月德、成、開日이며 忌하는 날은 朱雀、黑道、

天火、永消瓦解、天賊、月破、大耗、天罡、河魁、受死、刀帖、陰差、陽錯、伏斷、正四廢、

轉殺日이다。

6、上樑日=상량에 吉한 날은 甲子、乙丑、丁卯、戊辰、己巳、庚午、辛未、壬申、甲戌、

丙子、戊寅、庚辰、壬午、甲申、丙戌、戊子、庚寅、甲午、丙申、丁酉、戊戌、己亥、庚子、

辛丑、壬寅、癸卯、乙巳、丁未、己酉、辛亥、癸丑、乙卯、丁巳、己未、辛酉、癸亥 또는 黃

道、天德、月德、成、開日 및 諸吉神日이다。忌하는 날은 竪柱日과 同一하다。起造택일

에 있어서 時間을 중요시하지 않는데 단 상량과 솟거는 것은 時間을 필요로 한다。時門

은 택일의 기초지식편에서 설명한 것과 같이 천을 귀인시와 황도시 및 대주의 年支와 三

合되는 시간이다。

上樑棟書法
壬戌年四月十日（陰三月十七日癸亥）卯時竪柱上樑丑坐未向

應天之三光
備人間之五福
龜

7、作竈日=아궁이 만들고 솥거는 날로서 좋은 날은 甲戌、甲申、甲午、乙亥、乙未、丙

申、丁酉、戊辰、戊申、己酉、庚戌、辛亥、壬辰、壬戌、癸酉、癸未、癸丑日이며 時間은 상

량시간과 같다。

8、修突日

① 修突日=구들 놓는데 좋은 날은 甲子、甲申、乙丑、乙酉、戊寅、己卯、辛巳、癸丑、庚

申日이다.

②治突開土日=온돌고치는데 좋은 날은 春三朔—午日、夏三朔—子日、秋三朔—卯日、多

三朔—酉日이다.

③온돌 구들방을 고치는데 있어서 注意해야 할 날은 子午卯酉年은 七月、寅申巳亥年은

正、十月、辰戌丑未年은 四月에 구들을 뜯거나 곤치지 말아야 한다.

9、 造門日

①造門日=문달거나 고치는 날은 甲子、乙丑、辛未、癸酉、壬午、甲申、乙酉、戊

子、己丑、辛卯、癸巳、乙未、己亥、庚子、壬寅、戊申、壬子、甲寅、丙辰、戊午日과 黃道、

生氣、天德、月德、滿成、開日이다. 단 春作東門 夏作南門 秋作西門 多作北門은 피하여야

한다.

②塞門、塞路=문을 봉하거나 길을 막는날로서 吉日은 伏斷日、閉日이고 忌하는 날은 丙

寅、己巳、庚午、丁巳、四廢日이다.

10、盡屋日=지붕을 덮는데 吉한 날은 甲子、丁卯、戊辰、己巳、辛未、壬申、癸酉、丙子、

丁丑、己卯、庚辰、癸未、甲申、乙酉、丙戌、戊子、庚寅、癸巳、乙未、丁酉、己亥、辛丑、

壬寅、癸卯、甲辰、乙巳、戊申、己酉、庚戌、辛亥、癸丑、乙卯、丙辰、庚申、辛酉日과 定成

開日이고 忌日은 天火、獨火、午日、永消瓦解日、天賊、月破、建日이다.

11、破屋日=헌집을 무너뜨리는 날로서 좋은 날은 破日이고 吉祥日과 매월음력 九日、

十日은 태백살 (손) 이 天上空中이므로 좋지 못하다.

12、 修造動土日‖가옥을 증축、수리하거나 흙다루는데 吉한 날은 壬子、癸丑、丙辰、丁

巳、戊午、己未、庚申、辛酉日과 四時相日、生氣、天德、月德、月恩、玉堂、黃道、金匱黃

道、定日、大傆修日이다。

忌하는 方位는 大將軍方、太歲方、身皇、定命方(만일 通天竅나 走馬六壬日이면 위와 같

은 凶方이라도 무방하다)

13、 倉庫日

① 造倉庫吉日‖창고를 짓는데 있어서 좋은 날은 春節에 己巳、丁巳、丁未日、夏節에 己

巳、甲午日、秋節에 乙亥、壬午、冬節에 辛未、庚寅、壬辰、乙未、乙亥、丙辰、成開日이

다。

② 修倉庫吉日‖창고를 고치는데 있어서 좋은 날은 甲子、乙丑、丙寅、丁卯、壬午、甲午、

乙未、滿日이다。

14、 安碓磑‖安碓磑란 방앗간으로 곡식을 찧고 기름찌고 빻는 빻구는 곳을 모두 포함하

는데 그 방앗간을 짓거나 방앗기계를 설치하는 것인데 吉한 날은 庚午、辛未、甲戌、乙亥、

庚寅、庚子、庚申 또는 天龍、地啞、成、定、開日이고 吉한 方位로는 艮寅亥方이다。 그리

고 忌하는 날로서는 天賊、土府、五墓、建、破、平、收日이다。

15、 牛馬妨‖牛馬妨이란 마굿간으로 牛舍、馬妨、鷄舍、돼지우리등 모든 축사를 포함하

는 말로서 외양간이나 기타의 축사를 짓는데 있어서 吉한 날은 甲子、丁卯、辛未、乙亥、

己卯、甲申、戊子、辛卯、壬辰、庚子、壬寅、乙巳、壬子日과 天德月德、成、開日이며 수

리하는데 있어서의 吉日은 戊子、己丑、甲辰、乙巳日이다。 그리고 忌하는 날은 戊寅、庚

寅、戊午、天賊四廢日이다。

16、破屋、壞垣=모든 건물을 파괴하거나 담장、성벽등을 허는데 無害한 날은 月破日、大

大空亡日이다。

17、造廟破碎=조상의 位牌를 모신 祠堂、神堂을 짓거나 헐어내는데 함부로 아무날이나 犯하지 말아야 하며 忌하는 날을 피하여야 한다。 그리고 神像을 세우거나 安置하는데에서 도 忌하여야 한다。 그 忌日은 寅、申、己、亥、辰、戌日 또는 神號日、鬼哭日이며 月別神

號日、鬼哭日은 다음과 같다。

月別	正	二	三	四	五	六	七	八	九	十	十一	十二
神號	戊	亥	子	丑	寅	卯	辰	巳	午	未	申	酉
鬼哭	未	戌	辰	寅	午	子	酉	申	巳	亥	丑	卯

18、作厠日=

①作厠日=변소를 짓는데 吉한 날은 癸巳、庚辰、丙戌、壬子、己未、또는 伏斷、天聾、地啞、天乙、絕氣、土閉日이고 忌하는 날은 正月二十九日 및 起造에 忌하는 모든날 凶神日 이다。

②修厠日=변소를 수리하는데 있어서 吉한날은 己卯、壬午、壬子、乙卯、戊午日이고 忌

하는 月은 正月과 六月이며 忌하는 날은 修造에 忌하는 凶神日이다.

19. 穿井日

① 우물을 파거나 水道를 設置하는데 吉한날과 方位는 甲子、乙丑、癸酉、丙子、壬午、癸亥、癸丑、丁巳、戊午、己未、庚申、辛酉、癸亥日 또는 黃道、天德、月德、天德合、月德合、生氣、成、開日이고 寅方이면 장수하고 卯辰巳方이면 부귀한다.

② 우물을 파거나 水道를 설치하는 날과 方位는 黑道、土瘟、土忌、土府、天賊、受死、地囊、血忌、飛廉、九空、水隔、四廢、刀砧、轉殺、伏斷、卯日建、破、平、收、危、閉日(辛巳、己丑、庚寅、壬辰、戊申日)泉渴日(戊辰、辛巳、己丑、庚寅、甲寅日)官符、三殺方、大將軍方(단 우물파는 곳이 만일 一百二十步外면 忌方을 不問한다)

20. 修井日=우물 및 수도를 수리하거나 고치는데 吉한 날은 壬午、甲申、戊戌、庚子、辛丑、乙巳、辛亥、癸丑、丁巳、戊戌日이고 忌하는 날은 穿井日과 同一하다.

21. 開池糖=못이나 웅덩이 등을 파는데 吉한날은 甲子、乙丑、壬卯、甲申、癸巳、戊戌、庚子、辛丑、乙巳、辛亥、癸巳、丁巳、辛酉、癸亥日 또는 天德、月德、天德合、月德合、生氣、成、開日이고 忌하는 날은 天賊、受死、土瘟、土府、土忌、土禁、地囊、轉殺、建、破、平、收、危日이다.

◉ 各神定局

大空亡日=乙丑、甲戌、乙亥、癸未、甲申、乙酉、壬辰、癸巳、甲午、壬寅、癸卯、壬子。

大輪修日＝壬子、癸丑、丙辰、丁巳、戊午、己未、庚申、辛酉日（以上 八日 內는 凶神이 天上에 朝會하러 가기 때문에 大吉함）

天聾日＝丙寅、戊辰、丙子、丙申、庚子、壬子、丙辰日。

地啞日＝乙丑、丁卯、辛巳、乙未、己亥、辛丑、辛亥、癸丑、乙卯、辛酉日。

白虎大殺＝戊辰、丁丑、丙戌、乙未、甲辰、癸丑、壬戌日。

月別	天德	天德合	月德	月德合	月恩	四相	生氣	玉宇	金堂	益後
正	丁	壬	丙	辛	丙	丁丙	戊	卯	辰	子
二	申	甲	巳	己	丁	丁丙	亥	酉	戌	午
三	壬	丁	丁	庚	庚	丁丙	子	辰	巳	丑
四	辛	庚	乙	己	己戊	戊	丑	戌	亥	未
五	亥	丙	寅	辛	戊	己戊	寅	巳	午	寅
六	甲	己	己	己	辛	己戊	卯	亥	子	申
七	癸	戊	丁	壬	壬	癸壬	辰	午	未	卯
八	寅	庚	亥	乙	癸	癸壬	巳	子	丑	酉
九	丙	丙	辛	辛	庚	癸壬	午	未	申	辰
十	乙	甲	庚	己	乙	乙甲	未	丑	寅	戌
十一	巳	壬	申	丁	甲	乙甲	申	申	酉	巳
十二	庚	庚	乙	辛	乙	乙甲	酉	寅	卯	亥

年干	山家困龍	山家官符	坐山官符	浮天空亡	正陰符	羅天大退
甲	乾	亥	戌	壬	巽艮	坎
乙	庚	酉	申	癸	酉乾	震
丙	丁	未	午	辛	子坤	艮
丁	巽	巳	辰	庚	午	艮
戊	甲	卯	寅	坤	卯	坤
己	乾	亥	戌	乾	巽艮	坤
庚	庚	酉	申	丁	酉乾	巽
辛	丁	未	午	丙	子坤	巽
壬	巽	巳	辰	甲	午	兌
癸	甲	卯	寅	乙	卯	兌

右는 日辰도 보고 方位도 본다.

年支	山坐羅候	山巡羅候	天皇灸退	天九朱雀
子	六	乙	卯	卯
丑	八	壬	子	戌
寅	三	艮	酉	巳
卯	九	甲	午	子
辰	七	巽	卯	未
巳	二	丙	子	寅
午	二	丁	酉	酉
未	八	坤	午	辰
申	一	辛	卯	亥
酉	一	庚	子	午
戌	四	癸	酉	丑
亥	六	乾	午	申

三殺	向殺	天官符	地官符	大將軍	太歲	大耗	小耗	歲破	灸退	蠶室	蠶官	蠶命	白虎
南	癸壬	亥	辰	酉	子	午	巳	午	卯	坤	未	申	申
東	辛庚	申	巳	酉	丑	未	午	未	子	坤	未	申	酉
北	丁丙	巳	午	子	寅	申	未	申	酉	乾	戌	亥	戌
西	乙甲	寅	未	子	卯	酉	申	酉	午	乾	戌	亥	亥
南	癸壬	亥	申	子	辰	戌	酉	戌	卯	乾	戌	亥	子
東	辛庚	申	酉	卯	巳	亥	戌	亥	子	艮	丑	寅	丑
北	丁丙	巳	戌	卯	午	子	亥	子	酉	艮	丑	寅	寅
西	乙甲	寅	亥	卯	未	丑	子	丑	午	艮	丑	寅	卯
南	癸壬	亥	子	午	申	寅	丑	寅	卯	巽	辰	巳	辰
東	辛庚	申	丑	午	酉	卯	寅	卯	子	巽	辰	巳	巳
北	丁丙	巳	寅	午	戌	辰	卯	辰	酉	巽	辰	巳	午
西	乙甲	寅	卯	酉	亥	巳	辰	巳	午	坤	未	申	未

右도 日辰과 方向을 같이 본다.

陽錯	陰差	五墓	地囊		土府	土瘟	土忌	土禁	地破	河魁	天罡	受死	天賊	月別
寅甲	戌庚	未乙	庚午	庚子	酉	辰	寅	亥	亥	亥	巳	戌	辰	正
卯乙	酉辛	未乙	癸未	癸丑	巳	巳	申	亥	子	午	子	辰	酉	二
辰甲	申庚	辰戊	甲寅	甲子	酉	午	巳	亥	丑	丑	未	亥	寅	三
巳丁	未丁	戌丙	己丑	己卯	寅	未	亥	寅	寅	申	寅	巳	未	四
午丙	午丙	戌丙	戊午	戊辰	午	申	卯	寅	卯	卯	酉	子	子	五
未丁	巳丁	辰戊	癸巳	癸未	戌	酉	午	寅	辰	戌	辰	午	巳	六
申庚	辰甲	丑辛	丙申	丙寅	卯	戌	酉	巳	巳	巳	亥	丑	戌	七
酉辛	卯己	丑辛	丁巳	丁卯	未	亥	子	巳	午	子	午	未	卯	八
戌庚	寅甲	辰戊	戊子	戊辰	亥	子	辰	巳	未	未	丑	寅	申	九
亥庚	丑庚	辰壬	庚戌	庚子	辰	丑	未	申	申	寅	申	申	丑	十
子壬	子壬	辰壬	辛未	辛酉	申	寅	戌	申	酉	酉	卯	卯	午	十一
丑庚	亥庚	辰戊	乙酉	乙未	子	卯	丑	申	戌	戌	戌	酉	亥	十二

四廢	轉殺	地轉	天轉	月破	血忌	九空	水隔	瓦解	永消	獨火	天火	飛廉
申酉 庚辛	卯	辛卯	癸卯	申	丑	辰	戌	巳	巳	巳	子	戌
申酉 壬癸	卯	辛卯	癸卯	酉	未	丑	申	子	子	辰	卯	巳
申酉 壬癸	卯	辛卯	癸卯	戌	寅	戌	午	丑	丑	卯	午	午
子亥 壬癸	午	戊午	丙午	亥	申	未	辰	申	申	寅	酉	未
子亥 壬癸	午	戊午	丙午	子	卯	辰	寅	卯	卯	丑	子	寅
子亥 壬癸	午	戊午	丙午	丑	酉	丑	子	戌	戌	子	卯	卯
寅卯 甲乙	酉	癸酉	辛酉	寅	辰	戌	戌	亥	亥	午	辰	
寅卯 甲乙	酉	癸酉	辛酉	卯	戌	未	申	午	午	戌	酉	亥
寅卯 甲乙	酉	癸酉	辛酉	辰	巳	辰	午	未	未	酉	子	子
午未 丙丁	子	丙子	壬子	巳	亥	丑	辰	寅	寅	申	卯	丑
午未 丙丁	子	丙子	壬子	午	午	戌	寅	酉	酉	未	午	申
午未 丙丁	子	丙子	壬子	未	子	未	子	辰	辰	午	酉	酉

定命						身皇						區分 家主年齡
下元		中元		上元		下元		中元		上元		三元男女
女	男	女	男	女	男	女	男	女	男	女	男	家主年齡
艮	艮	坤	中	中	坤	坤	坤	艮	中	中	艮	七六五四三二一一／三四五六七八九〇 一
離	兌	震	巽	乾	坎	坎	震	兌	乾	巽	離	七六五四三二一一／四五六七八九〇一 二
坎	乾	巽	震	兌	離	離	巽	乾	兌	震	坎	七六五四三三二一一／五六七八九〇一二 三
坤	中	中	坤	艮	艮	艮	中	中	艮	坤	坤	七六五四四三二一一／六七八九〇一二三 四
震	巽	乾	坎	離	兌	兌	乾	巽	離	坎	震	七六五五四三二一一／七八九〇一二三四 五
巽	震	兌	離	坎	乾	乾	兌	震	坎	離	巽	七六六五四三二一一／八九〇一二三四五 六
中	坤	艮	艮	坤	中	中	艮	坤	坤	艮	中	七七六五四三二一一／九〇一二三四五六 七
乾	坎	離	兌	震	巽	巽	離	坎	震	兌	乾	八七六五四三二一一／〇一二三四五六七 八
兌	離	坎	乾	巽	震	震	坎	離	巽	乾	兌	八七六五四三二一一／一二三四五六七八 九

乾—戊乾亥同　坎—壬子癸同　艮—丑艮寅同　震—甲卯乙同

離—丙午丁同　坤—未坤申同　兌—庚酉申同　巽—辰巽巳同

가령 中六男子가 연령이 十九、二八、三七、四六세 등이라면 中官이 身皇、定命殺이요、

또는 中元甲子가 十九、二八、三七、四六세 라면 艮方이 身皇、坤方이 定命殺이다。 또는

中元男子가 二十、二九、三八、四七、五六세이면 乾方이 身皇殺이요、巽方이 定命殺이니

즉 戊乾亥辰巽巳의 六方位에서 집을 달아 내리나 修理 및 기타 우물파기, 창고, 변소등을

짓지 못한다。

제四장 喪葬門(陰宅)

喪葬이란 葬事에 대한 一切行事를 말하는 것인데 葬事에는 初葬과 移葬 즉 改葬이 있다。

初葬에는 사람이 일단 損命하면 그 屍身을 절대 그래둘수 없는 것임으로 일일히 年月日時에 대한 運을 보지 않고 葬事한다。 그러나 移葬에는 그렇지 않다。 한번 쓴 墓를 함부로 건드리지 못하는게 原則이므로 비록 그 墓地가 不利하거나 기타의 사정으로 인하여 옮기지 않을수 없는 경우에는 반드시 舊墓에 依한 運과 새로 쓰게 될 墓運이 年月日時에 맞도록 해야한다。 移葬을 하는데는 다음과 같은 條件이 있어야 한다。

墓를 쓴뒤 三年以內에 갑자기 人口가 死亡하거나 家産이 罷産지경에 이르거나 其他의 怪變이 續出한 경우 (이것은 墓를 잘못 쓴 원인만이 아니고 다른 失策으로 인한것도 있으니

이섬 잘 파악하여야 한다)

전재지변으로 인하여 墓가 破損되었거나 그럴만한 위험이 있을때 장차 물이 잠길 우려가 있거나 무너질 염려가 있을때 장차 市街 및 기타의 建物이 들어선다고 확정된곳、墓의 壙中에 물이 고이거나 其他의 不純物이 침범하여 子孫된 도리로 민망하다고 느껴진 경우 이밖에도 다른 조건이 있는데 중요한 것만 설명하였다。福을 구하려다 도리어 禍敗를 招來하는 不幸이 있을 것이니 이점을 주의하여야 한다。墓쓰는 위치 즉 자리는 風水地理學에서 설명하기로 하고 본장에서는 喪葬法에 대하여 初葬、移葬、장례절차편을 나누어서 설명하겠다。

一、 新葬擇日

1、 擇坐法 （龍天八穴）

亥卯未木生 — 龍穴 （亥卯未坐）　　天穴 （坤乙壬坐）　　生穴 （寅午戌坐）　　地穴 （艮丙辛坐）

人穴 （巽庚癸坐）　　敗穴 （申子辰坐）　　絶穴 （乾甲丁坐）　　鬼穴 （巳酉丑坐）

巳酉丑金生 — 龍穴 （巳酉丑坐）　　天穴 （艮丙辛坐）　　生穴 （申子辰坐）　　地穴 （坤乙壬坐）

人穴 （乾甲丁坐）　　敗穴 （亥卯未坐）　　絶穴 （巽庚癸坐）　　鬼穴 （巽庚癸坐）

寅午戌火生 — 龍穴 （寅午戌坐）　　天穴 （乾甲丁坐）　　生穴 （巳酉丑坐）　　地穴 （坤乙壬坐）

人穴 （坤乙壬坐）　　敗穴 （亥卯未坐）　　絶穴 （艮丙辛坐）　　鬼穴 （申子辰坐）

申子辰水生 — 龍穴 （申子辰坐）　　天穴 （巽庚癸坐）　　生穴 （亥卯未坐）　　地穴 （乾甲丁坐）

人穴 （坤乙壬坐）　　敗穴 （亥卯未坐）　　絶穴 （申子辰坐）　　鬼穴 （乾甲丁坐）

人穴（艮丙辛坐） 敗穴（巳酉丑坐） 絶穴（坤乙壬坐） 鬼穴（寅午戌坐）

먼저 坐를 택하는데 있어서 亡人과 坐가 서로 운이 맞아야 하는 것이니 亡人이 출생한 태세와 坐를 대조하여 吉한 坐는 택하고 凶한 坐는 버리는 것이다. 이하 龍天八穴中에서 용혈、천혈、생혈、지혈、인혈등 五혈은 吉하니 택하고 패혈、절혈、귀혈등 三혈은 흉하니 사용하여서는 안된다.

2、忌坐法

다음의 忌坐는 피하면 大利하나 피하지 못하여도 무방하다.

生＼忌	山三災	生前死後 不入方	大害坐	黃泉坐	滅門坐
子生	子	子	未	巽	巽巳乾亥
丑生	甲	丑寅甲	丙	艮	壬子丙午巽巳丑艮
寅生	癸	癸	巳	乾	坤申巽
卯生	酉	酉	辰	坤	甲卯庚酉坤申巽
辰生	甲	甲	卯	巽	巽巳丑艮
巳生	丑	丑	寅	艮	乾亥未坤
午生		艮	丑	乾	乾亥未坤

未生	巽	巽	坤	乙	坤	癸丑丁未巽巳艮
申生	艮酉	巽	艮丙辰	亥	巽	艮寅戌亥
酉生	子	子酉戌	戌	巽	艮	艮寅戌亥
戌生	卯	酉	戌	乾	艮	艮寅坤申巽巳丑
亥生	丑	丑壬	申	坤	乙辰辛戌	

3、地運定局=다음의 坐는 당년 태세를 기준으로 坐를 대조한다。

辰戌丑未年=甲庚丙壬 寅申巳亥坐大通

寅申巳亥年=乙辛丁癸 子午卯酉坐大通

子午卯酉年=乾坤艮巽 辰戌丑未坐大通

4、凶殺回避法

흉살이 주백가지에 이르니 어찌 이를 다 피하리오만 다만 그 輕重으로 較量하는바 八山

砲殺은 모든 살중에서 최악살이니 당연히 피해야 한다。

寅午戌 申子辰年=丙丁壬癸坐向

巳酉丑 亥卯未年=甲乙庚辛坐向

삼살 즉 겁살、재살、세살과 적퇴、부천공망、음부태세는 坐殺、向殺이니 이 몇가지는 반드시 피하여야 하며 이들중 空亡의 坐는 불가하나 向은 가하다。 다음으로 천관부, 지관부、 병부、 사부와 파패 오귀 금신등을 범하지 않으면 大利요、 범하면 소리가 이밖에 장군、 암일살、 대살、 백호、 상문、 조객、 세형、 육해、 비렴 표미등 기타의 살은 모두 잡살로서 비록 범하여도 무방하니 피하지 않아도 된다。

5、 金精明暗氣到定穴局

明暗 ＼ 年	一甲暗	二辛暗	三丙暗	四乙明	五庚明	六丁明
子午年	丁寅甲辰未酉山	乙子丑山	午乾山	坤卯庚巽山	壬辛艮亥山	申癸巳丙戌山
丑未年	申癸巳丙戌山	丁寅甲辰未酉山	乙子丑山	午乾山	坤卯庚巽山	壬辛艮亥山
寅申年	壬辛艮亥山	申癸巳丙戌山	丁寅甲辰未酉山	乙子丑山	午乾山	坤卯庚巽山
卯酉年	坤卯庚巽	壬辛艮亥山	申癸巳丙戌山	丁寅甲辰未酉山	乙子丑山	午乾山
辰戌年	午乾山	坤卯庚巽山	壬辛艮亥山	申癸巳丙戌山	丁寅甲辰未酉山	乙子丑山
巳亥年	乙子丑山	午乾山	坤卯庚巽山	壬辛艮亥山	申癸巳丙戌山	丁寅甲辰未酉山

明은 밝은 기운이 혈에 이르는 것으로 추천의 기가 흩어지므로 凶하다。 고로 明은 택

하고 暗은 버리라。

가령 巳年이나 亥年에 癸坐丁向을 쓰면 五庚의 明氣가 穴에 이르므로 吉하고 반면 乾坐巽向을 쓰면 二辛의 暗氣가 穴에 이르므로 凶하다。

6、故墓宿殺=이살은 묘소를 선영이 있는곳에 정할때만 忌하고 別處에는 忌하지 않는다。

7、古墓土宿殺=이살은 선영의 분변에다 묘터를 정할때에 꺼리는 것으로 가령 正月에 선영의 분변에 乙方에다 장사하면 一人이 사망하고 辛方에다 장사하면 七人이 사망한다。

春木墓在未 夏火墓在戌 秋金墓在丑 冬水墓在辰

正月―乙一辛七人　　　四月―丁一癸二人　　　七月―庚七丙二人　　　十月―壬二乙三人
二月―丙一庚三人　　　五月―癸八壬二人　　　八月―庚二丙二人　　　十一月―壬二乙五人
三月―丁一庚三人　　　六月―癸七乙八人　　　九月―庚七乙三人　　　十二月―乙二壬一人

8、明暗氣到定穴日局

子午年	寅甲辰未酉山 丁未山	癸丙戌山	辛亥艮山	卯巽庚山	坤庚山	午乾山	乙子丑山	子丑山
丑未年	癸巳丙戌山	申戌山	壬艮山	坤庚山	卯巽庚山	午乾山	乙子丑山	丁未酉山

寅申年	卯酉年	辰戌年	巳亥年	初一〜初五日	初六〜初十日	十一〜十五日	十六〜二十日	二十一〜二十五日	二十六〜三十日
壬辛亥山	坤庚卯巽山	午乾山	乙子丑山	庚 明	丁 明	甲 暗	辛 暗	丙 暗	乙 明
坤庚卯巽山	午乾山	乙子丑山	丁未寅甲辰酉山	丁 明	甲 明	辛 暗	丙 暗	乙 明	庚 明
午乾山	乙子丑山	丁未寅甲辰酉山	癸巳丙申山	甲 明	辛 暗	丙 暗	乙 明	庚 明	丁 明
乙子丑山	丁未寅甲辰酉山	癸巳丙申戌山	壬辛亥艮山	辛 暗	丙 暗	乙 明	庚 明	丁 明	甲 暗
丁未寅甲辰酉山	癸巳丙申戌山	壬辛亥艮山	坤庚卯巽山	丙 暗	乙 明	庚 明	丁 明	甲 暗	辛 暗
癸巳丙申戌山	壬辛亥艮山	坤庚卯巽山	午乾山	乙 明	庚 明	丁 明	甲 暗	辛 暗	丙 暗

明暗의 氣가 혈에 이르는 날을 보는 법인데 明氣에 해당하는 날짜는 택하고 暗氣에 해

당하는 날짜는 쓰지 말아야 한다.

난 날짜를 기준으로 하면 坐向을 바꾸어면 된다.

가령 子年이나 午年에 장사를 할 경우에는 寅甲辰丁未酉坐를 쓸때에는 初一~初五日에는

庚明, 初六~初十日에는 丁明이기 때문에 吉하다. 그리고 十一~十五日에 장사를 할 경우

이면 甲暗이기 때문에 凶이므로 이를 때이면 卯巽坤庚 午乾子丑乙坐를 사용하면 乙明, 庚

明. 丁明에 해당하기 때문에 吉하다.

묘소의 坐向을 정할 때에는 亡人의 生年支와 장사하는 당년태세 및 일자를 대조하여야

한다.

9、安葬吉日=安葬吉日은 다음 사항을 종합참고하여 택하여야 한다.

① 亥月安葬吉日

正月—丙寅、癸酉、壬午、乙酉、丁酉、丙午、己酉、辛酉日。

二月—丙寅、壬申、甲申、庚寅、丙申、壬寅、己未、庚申日。

三月—庚午、壬申、癸酉、甲申、乙酉、丙申、丁酉、丙午、庚申、辛酉日。

四月—乙丑、庚午、壬午、甲申、乙酉、丙申、丁酉、丙午、庚申、辛酉日。

五月—辛未、壬甲、癸酉、甲申、丙申、丁酉、庚申、辛酉日。

六月—壬申、甲戌、庚辰、甲申、庚寅、壬申、甲寅、庚申日。

中、甲寅、庚甲、辛酉日。

七月—壬申、癸酉、丙子、壬午、甲申、乙酉、壬辰、丙申、丁酉、丙午、己酉、壬子、丙

辰日。

八月―己巳、壬申、癸酉、甲申、乙酉、庚寅、壬辰、丙申、壬寅、乙巳、丁巳、庚申、辛酉日。

九月―丙寅、庚午、甲戌、壬午、庚寅、辛亥、戊午日。

十月―甲子、庚午、辛未、癸酉、丙子、壬午、壬寅、丙午、甲午、乙未、庚子、甲辰、丙午、丙辰日。

② 儀修日＝大寒後十日、立春前五日。

③ 歲官文承日＝이날은 신묘의 세관신이 교체하는 날로서 大寒後五日、立春前二日이다。

④ 諸神上天日＝이날은 諸神(길신、흉신을 막론)이 上天하는 날로서 移葬、立石、修墓、改境에 모두 吉하다。

十一月―壬申、甲申、庚寅、壬辰、丙申、壬子、甲寅、庚申日。

十二月―丙寅、壬申、癸酉、戊寅、甲申、乙酉、庚寅、丙申、壬寅、甲寅、庚申日。

⑤ 天上天下大空亡日＝이날은 모든 凶殺이 다 空亡에 떨어지므로 大利하다。 또한 亡人의 연령과 구묘좌향을 모를때에 사용하여도 대길하고 연령좌향을 알지라도 만일 급천묘나 사초를 할때에 이날을 사용하여도 좋다。

10、安葬忌日

① 重日―每月己亥日

甲戌、甲申、甲午、乙丑、乙酉、乙亥、壬子、壬寅、壬辰、癸卯、癸巳、癸未。

②重喪日＝正月甲日、二月乙日、三月己日、四月丙日、五月丁日、六月己日、七月庚日、八月辛日、九月己日、十月壬日、十一月癸日、十二月己日。

③重復日＝장사지내면 또 사람이 死亡한다는 날이다.

正月甲庚 辰寅日、二月乙卯日、三月戊己 子辰日、四月丙壬 丁戊巳日、五月丁癸 丙申午日、六月戊己 丁午未日、七月庚辰申日、八月乙辛 寅酉日、九月戊己 庚子戊日、十月丙壬 癸戊亥日、十一月丁癸 壬申子日、十二月戊己 癸午丑日。

④密日＝戊日角宿 丑日井宿、辰日奎宿、未日斗宿、子日柳宿、甲日尾宿、己日避宿。

⑤入地空亡日＝이는 亡人의 本命과 日辰으로 葬事 못하는 날을 보는 法이니 참고하기 바란다.

庚午日—甲己亡命不葬、庚辰日—乙庚亡命不葬、庚寅日—丙辛亡命不葬、庚戌日—丁壬亡命不葬、庚申日—戊癸亡命不葬

⑥穿金井＝金井이란 穴을 定한뒤 壙中의 테두리를 線으로 그어 表示한 곳으로 이 金井을 파는데 忌하는 날은 다음과 같다.

가령 日辰이 庚午日이라면 甲子、甲寅、甲辰、甲午、甲申、甲戌生과 己丑、己卯、己巳、己未、己酉、己亥生인 亡人을 장사지내지 아니한다.

三墳日（每月初六、十六、廿六日）、申日、密日、重日、復日、土府、地囊、建、破、平、收日。

⑦破土忌日＝이는 이장을 하기 위하여 구묘를 헤치거나 신묘를 쓰기 위하여 흙을 다루

는 알을 말하는데 이러한 일에 忌하는 날은 다음과 같다。

密日、重日、復日、土府、地囊、土壬用事時、建、破、平、收日。

月別로서 忌日은 다음과 같다。

破土忌日	日 ╱ 月
亥	正
子	二
丑	三
寅	四
卯	五
辰	六
巳	七
午	八
未	九
申	十
酉	十一
戌	十二

⑧破土總忌日은 亡人과 제주의 本命日、相冲되는날、重喪日、重日、服日、土旺用事時에 巳午日이다。

⑨天哭日(己造葬)
正五九月—未日、二六十月—申日、三七十一月—丙日、四八十二月—戌日。

11、成服日=이날은 初喪난뒤 喪服을 착용하는 날인데 吉한날은 다음과 같다。
甲子、己巳、乙酉、庚寅、癸巳、丁酉、丙午、辛亥、鳴吠日、及鳴吠對日。
※鳴吠日、及對日=丙寅、壬甲、丁卯、癸酉、庚午、甲子、丙子、壬午、甲申、乙酉、辛酉、甲午、庚子、丁酉、辛酉、乙卯、丙申、壬寅、丙午、壬子、甲寅、庚申日。
忌하는 날은 重喪、重復、重日와 陰差、陽差(錯)日이다。

12、停喪忌方=穴處(壙中)를 기준해서 方位을 보는바 喪輿와 棺등을 놓는데 忌하는

巳酉丑日年ー艮方、 申子辰日年ー巽方、 亥卯未日年ー坤方、 寅午戌日年ー乾方 또는 人座、

重座、 報冤殺方이다。

午月	子	丑	寅	卯	辰	巳	午	未	申	酉	戌	亥
入座方	酉	戌	亥	子	丑	寅	卯	辰	巳	午	未	申
重座方	癸	己	甲	乙	己	丙	丁	己	庚	辛	己	壬
報冤方	庚	丙	甲	壬	庚	丙	甲	壬	庚	丙	甲	壬

13、 祭主不伏方=제주불복방이란 祭主 또는 喪主가 엎드려 절하면서 哭泣하는데 不吉한 方位를 피하는 法이다.

劫殺、 災殺、 歲殺方 및 羊刀方 즉 年三殺方 日三殺方、 年羊刀方인데 三殺方과 羊刀方은 다음과 같다.

三殺方=申子辰年日ー巳午未方、 巳酉丑年日ー寅卯辰方、 亥卯未年日ー申酉戌方、 寅午戌年日ー亥子丑方。

羊刀方=甲年日ー卯方、 乙年日ー辰方、 丙戊年日ー午方、 丁己年日ー未方、 庚年日ー酉方、 辛年日ー戌方、 壬年日ー子方、 癸年日ー丑方。

14、斬草、破土日

正月―丁卯、庚午、己午。

二月―庚午、己午、甲午、丙午。

三月―己申、甲申。

四月―甲子、乙丑、丁卯、庚午、庚辰、壬午、辛卯、癸卯、甲辰、癸丑、庚子。

五月―壬寅、癸丑、甲寅。

六月―丁卯、壬申、甲申、癸卯、辛卯、丙申、乙卯。

七月―甲子、丁卯、己卯、壬辰、辛卯、壬午、癸卯、乙卯、丙午。

八月―乙丑、壬辰、甲辰、癸丑。

九月―丁卯、庚午、壬午、辛卯、癸卯、丙午、乙卯。

十月―甲子、丁卯、庚午、辛卯、辛未、辛卯、乙卯。

十一月―戊辰、壬申、甲申、乙未、丙申。

十二月―壬申、甲申、丙申、壬寅、甲寅、庚申。

忌日은 天瘟 土瘟 重喪 重日 復日 天賊 地破 土王、建、破、平、收日이다。

15、取土方＝광중안을 메울때 吉六의 흙을 약간 取하여 넣는다.

年	子	丑	寅	卯	辰	巳	午	未	申	酉	戌	亥
吉方	申	戌	子	巳	辰卯	午	申	戌	午	未	酉	午

壬子坐―壬巽巳方　丙午坐―丙乾亥方　癸丑坐―庚方　丁未坐―甲癸方　巳寅坐―丙丁方
坤申坐―壬癸方　甲卯坐―甲坤甲方　庚酉坐―庚艮寅方　乙辰坐―壬方　辛戌坐―丙方、巽巳
坐―庚辛方　乾亥坐―甲乙方。

16、合壽木이란 장차 사망후 使用하게 될 棺木을 준비해 두는 것으로 摧屍殺 및 遊魂殺
닿는 해를 피해야한다。 그리고 生墳（살아있을 때 장차 죽은뒤에 들어갈 墓를 假封하는
것）에도 마찬가지로 摧屍殺과 遊魂殺을 피하여야 한다。

摧屍殺＝四十、四十三、四十六、四十九、五十二、五十五、五十八、六十一、六十四、六十
七、七十、七十三、七十六、七十九、八十二、八十五、八十八、九十二歲。

遊魂殺＝子午卯酉年生―子午卯酉年日
寅申巳亥年生―寅申巳亥年日
辰戌丑未年生―辰戌丑未年日

17、四時首足腹背方＝사시수족복배방이란 세땅을 파거나 구묘를 열때에는 腹方位을 먼저
파는 것이 길한 것으로 腹은 當貴大吉이요、足은 無害하고 背는 大耗이며 首는 極凶하다。

	首方位	足方位	腹方位	背方位
春三月、正、二、三月	酉日	卯日	午日	子日
夏三月、四、五、六月	卯日	酉日	午日	子日

秋三月、七、八、九月			
午日	子日	卯日	酉日
子日	卯日	卯日	酉日

冬三月、十、十一、十二月

18、 先破方=선파방이란 새땅을 파거나 구묘를 열때에는 이 선파방을 먼저 파는것이 吉하다。

春三月(正二三月)—南方、夏三月(四五六月)—北方、秋三月(七八九月)—東方、冬三月(十、十一、十二月)—西方。

19、 密日=角未沖剋戌(土生) 井木剋克丑(土生) 奎木沖剋辰(土生) 斗木沖剋未(土生) 柳土沖剋子(水生) 屋火沖剋申(金生) 壁水剋克巳(火生) 비록 日辰에 만날지라도 冲生無害하다。 그리고 祭主本命에 冲剋하면 가장 凶害하니 피하는 것이 좋다。

20、 四金日=六金午金婁鬼金(만일 艮戌丑未日과 만나면 역시 不吉하다) 가령 二十(宿中六牛婁鬼 四金神이 닿는 날에 日辰이 庚午라면 日支가 日干庚金을 剋한다。 또는 丙子日辰이면 日支子水가 日干丙火를 剋하는 것등을 말한다。

21、 修墓排石改莎草=수묘배석개사초란 허물어진 묘를 고치거나 석물을 세우거나 잔디를 입힐때는 연운과 坐向은 논하지 말고 다만 월일시만 택하되 제주본명과 正冲 및 旬冲만을 忌한다。

22、 生旺方論

舊墓의 向 (坐의 對宮) 으로 胞를 起하여 順行으로 生과 旺이 닿는 方位를 生旺方殺이라고

고 한다。 生方을 犯하면 子孫이 死亡하고 旺方을 犯하면 散財敗家하게 된다。

假令 舊墓가 甲坐라면 甲坐庚向으로 庚이 向이다。 庚은 金絕於寅하여 辰巳의 巽方이 坐

方이요、酉의 兌方이 旺方으로 巽兌가 生旺殺이다。 또는 艮坐 坤向이면 坤은 土이니 水土

絕이 巳하여 順行으로 未의 坤方이 生殺方이요、子의 坎方이 旺殺方이 된다。 그런데 이 說

은 舊墓에서 指尺으로 百二十尺 以內만을 此法을 遵守勿犯하고 其外는 不關하다고 한다。

23、戊己殺

甲子旬中一戊辰己巳、甲戌旬中一戊寅己卯、甲申旬中一戊子己丑、甲午旬中一戊戌己亥、

甲辰旬中一戊申己酉、甲寅旬中一戊午己未。

坐運戊己殺一甲子生부터 癸酉生 까지는 甲子旬中으로 此生의 亡仙人은 乙辰巽巳坐가 戊己

殺이니 大忌하므로 此坐는 使用치 말라一以下同例

年運戊己殺一假令 甲戌年부터 癸未年까지는 甲戌旬中으로 此生의 亡命人은 艮寅甲卯坐가

年運戊己殺이니 大忌한다。 이는 順行하면 地支盖頭에 戊己天干이 닿으므로 이른바 戊己殺

이다。 坐運戊己殺은 그 該當되는 亡人이 坐를 얻지 못하며 年運戊己殺은 이후 旬中에 可히

使用하라。

24、小兒殺定局

이살은 起造와 葬埋에 모두 忌하는 것으로 陽年에 犯하면 男兒에게 害롭우며 陰年에 犯하

면 女兒에게 해롭다。

이 小兒殺을 不得己 犯하게 될 경우에는 반드시 制殺法으로 制한뒤 使用하여야 한다.

小兒殺 定局은 다음과 같다.

小月 (使用月이 小月일때)

月別	陽年 (子寅辰午申戌)	陰年 (丑卯巳未酉亥)
正	中	離
二	乾	坎
三	兌	坤
四	艮	震
五	離	巽
六	坎	中
七	坤	乾
八	震	兌
九	巽	艮
十	中	離
十一	乾	坎
十二	兌	坤

大月 (使用月이 大月인 때)

月別	甲丁庚癸	乙戊辛	丙己壬
正	艮	中	坤
二	兌	巽	坎
三	乾	震	離
四	中	坤	艮
五	巽	坎	兌
六	震	離	乾
七	坤	艮	中
八	坎	兌	巽
九	離	乾	震
十	艮	中	坤
十一	兌	巽	坎
十二	乾	震	離

起造 및 葬埋月이 小月이면 年支로 月을 찾아 小兒殺을 보고 大月이면 年干으로 보아

月을 찾아서 殺方을 본다。

制殺되어 無害하다。

○制殺法=通夫竅、未馬六壬、一白、六白、八白、九紫、四利帝星眞太陰中一局만 얻으면

25、六十日 呼冲法과 正冲、旬冲法

①六十日 呼冲法=이 六十日 呼冲法은 六十日을 두고 상충되는 사람을 부른다는 殺로서 하관시에 冲(甲子日에는 辛丑生)되는 사람은 보지말고 피하여야 한다.

六十日 呼冲法은 다음과 같다。

甲子日―辛丑生	乙丑日―辛巳生
甲寅日―癸巳、癸未生	乙卯日―丙辰、戊子生
甲辰日―庚辰生	乙巳日―丙子生
甲午日―丁酉、庚子生	乙未日―丙子、丙申生
甲申日―壬辰生	乙酉日―丙子生
甲戌日―戊子生	乙亥日―乙未生
丙子日―丁丑生	丙午日―丁巳、丁亥生
丙寅日―丙午生	丙申日―己丑生
丙辰日―甲辰、甲申生	丙戌日―甲子生

丁丑日—癸未生

丁卯日—甲午、甲戌生

丁巳日—庚子生

丁未日—己未生

丁酉日—丁酉生

丁亥日—丁巳、丁亥生

己丑日—丁未生

己卯日—丁亥、己未生

己巳日—甲艮、己未生

己未日—丙戌生

己酉日—庚申生

己亥日—辛未生

辛丑日—壬子生

辛卯日—辛未生

辛巳日—己未生

戊子日—乙卯生

戊寅日—甲辰、丙午生

戊辰日—癸未、癸酉生

戊午日—辛未生

戊申日—庚戌生

戊戌日—癸亥生

庚子日—乙未生

庚寅日—丙申生

庚辰日—戊辰、戊戌生

庚午日—壬戌生

庚申日—辛巳、辛酉生

庚戌日—辛丑生

辛未日—己亥生

辛酉日—庚辰生

辛亥日—辛亥生

壬子日—乙亥生

壬寅日—甲辰生

壬辰日—壬申生

壬午日—壬寅生

壬申日—丁巳生

壬戌日—辛丑、辛酉生

癸丑日—甲寅、丁亥生

癸卯日—丙辰、丁巳生

癸巳日—甲午生

癸未日—甲申生

癸酉日—辛丑、辛巳生

癸亥日—丙寅生

② 正冲法＝이 正冲은 天干은 同一하고 地支가 冲되는 것으로 역시 하관시에 피하여야 한다.

가령 甲子生이라면 甲午日을 만나면 正冲에 해당하고 乙丑生이라면 乙未日을 만나면 正冲이고 壬寅生이라면 壬申을 만나면 正冲이 된다.

③ 旬冲法

旬冲은 一旬中에서 相冲되는 것으로 가령 甲子生이면 庚午日을 만나면 旬冲에 해당하고 乙丑生이면 辛未日을 만나면 旬冲에 해당하며 또 甲申生이면 庚寅日을 만나면 순충에 해당되어 흉하니 旬冲에 해당되는 사람은 하관시에 피하는 것이 吉하다.

26. 入棺 및 下棺吉時

① 入棺吉時＝甲日은 子時、乙日은 丑、巳、未、亥時。丙日은 卯時。丁日은 辰、午、酉時。戊日은 丑、未時。己日은 庚時。庚日은 巳、戌時。辛日은 丑、未。亥時、壬日은 酉、

戌時、 癸日은 庚、 午時가 吉하다。

② 入棺 및 下棺吉時는 黃道時와 天乙貴人時을 이용하면 吉하다。 황도시와 천을귀인시는

제1편 택일의 기초요령편을 참고하기 바란다。

27、 貴人時

이 天乙貴人時는 貴人登天門時라고 하는데 日干을 기준해서 甲日의 丑未時 등으로 보는

게 아니라 節氣와 日干關係로 따져 陰貴와 陽貴로 分類된다。 이렇게 해서 얻어진 時間은

凶神과 惡殺이 자연 叔沒되므로 起造와 安葬은 물론 入宅 就任 婚姻 出行등에도 모두 大

吉하다。

貴人登天門時를 따지는 방법은 다음과 같다。

〈月　將〉

雨水後―亥、 春分後―戌、 穀雨後―酉、 小滿後―申、 夏至後―未、 大暑後―午、 處暑後―巳、

秋分後―辰、 霜降後―卯、 小雪後―寅、 冬至後―丑、 大寒後―子

〈陰陽貴人〉

日干	甲	乙	丙	丁	戊	己	庚	辛	壬	癸
陽貴	未	申	酉	亥	丑	子	丑	寅	卯	巳
陰貴	丑	子	亥	酉	未	申	未	午	巳	卯

가령 雨水後 甲子日이라면 月將이 亥宮인데 甲日의 陽貴 未를 乾宮에 붙여 亥가 이르도

節 \ 日干		雨水後	春分後	穀雨後	小滿後	夏至後	大暑後
甲日	陽	甲	癸	艮	壬	乾	辛
	陰	庚	庚	癸	乾	辛	乙
乙日	陽	辛	壬	乾	丁	辛	庚
	陰	辛	庚	辛	坤	丙	巽
丙日	陽	癸	辛	坤	辛	丁	坤
	陰	乾	辛	坤	辛	丁	丙
丁日	陽	乾	丁	坤	丙	乙	坤
	陰	坤	甲	辛	巽	巽	乙
戊日	陽	丁	辛	丁	丁	丙	辛
	陰	坤	癸	丁	丁	丙	巽
己日	陽	辛	坤	辛	乾	乙	乙
	陰	丙	癸	壬	壬	辛	辛
庚日	陽	乙	丁	丙	巽	巽	甲
	陰	乙	癸	丙	巽	乾	乾
辛日	陽	坤	坤	丁	癸	乙	艮
	陰	丁	甲	癸	乾	壬	壬
壬日	陽	丁	巽	丙	巽	乙	壬
	陰	乙	甲	乙	壬	甲	艮
癸日	陽	乙	甲	乙	艮	癸	壬
	陰	巽	乙	甲	乙	甲	艮

록 十二方을 順行하면 申이 壬、酉가 癸、戌이 艮、亥가 甲이니 즉 甲時가 陽貴時요、陰貴 丑을 乾宮에 붙여 역시 雨水節 月將인 亥가 이르도록 十二方을 順行하면 즉 丑이 乾、寅이 壬、卯가 癸、辰이 艮、巳가 甲、午가 乙、未가 巽、申이 丙、酉가 丁、戌이 坤、亥(月將)에 庚이니 즉 庚時가 陰貴人時다。 또는 多至後 乙日이라면、多至後의 月將은 丑이다。 乙日의 陽貴 申을 乾에 붙여 十二方을 順行하면 酉에 壬、戌에 癸、亥에 艮、子에 甲、丑(月將)에 壬이니 乙日의 陰貴는 壬時가 된다。 그 밖에도 節候의 月將을 찾고、日下의 陰陽貴를 분별해서 이상과 같은 요령으로 貴人時를 따져보는 것이다。

다음은 위와 같은 요령으로 따져본 貴人時의 早見表이다。

處暑後	秋分後	霜降後	小雪後	冬至後	大寒後
庚甲	坤艮	丁癸	丙壬	巽乾	乙辛
坤乙	丁甲	丙艮	巽癸	乙壬	甲乾
丁巽	丙乙	巽甲	乙艮	甲癸	艮壬
巽丁	乙甲	甲巽	甲乙	癸甲	壬艮
甲庚	艮坤	癸丙	壬丁	乾巽	辛乙
乙坤	甲丁	艮丙	癸丁	壬丙	乾甲
甲庚	艮坤	壬丙	癸丁	乾巽	辛乙
辛巽	庚丙	丁乾	坤壬	庚癸	巽庚
乾坤	壬庚	坤辛	乾庚	辛壬	丙坤
癸乾	乙丙	辛坤	庚乾	壬辛	丙坤
乾癸	庚丁	乾坤	辛庚	癸壬	庚丙
癸乾	丁庚	坤辛	庚乾	壬庚	丁庚
乾癸	丁庚	辛坤	乾庚	辛壬	丙坤

가령 雨水後는 甲日의 陽貴가 甲時（寅卯間時）요 陰貴가 庚時（申酉間時）이고、乙日의 陽貴는 艮時（丑寅間時）요 陰貴는 辛時（酉戌間時）이다。

甲 ︱寅卯間時 ＝ 自午前 四時
乙 ︱卯辰間時 ＝ 自午前 六時
巽 ︱辰巳間時 ＝ 自午前 八時
丁 ︱午未間時 ＝ 自午後 二時
庚 ︱申酉間時 ＝ 至午後 六時

乙 ︱卯辰間時 ＝ 自午前 六時
丙 ︱巳午間時 ＝ 自午前 十時
坤 ︱未申間時 ＝ 自午後 四時
辛 ︱酉戌間時 ＝ 至午後 八時

乾—戌亥間時＝自午後 八時 至午後 十時

壬—亥子間時＝自午後 十時 至午後 零時

28、安葬周堂

이 周堂은 正堂 안방에 모셔 놓았던 屍身을 運柩해서 喪輿로 옮기는데 보는 주당법이다.

大月에는 初一日을 父에 起하여 男、孫、亡人、女夫로 順行하고

小月에는 初一日을 母에 起하여 女夫、亡人、孫、男、父、客으로

逆行하는데 出殯當日에 머무는 곳에 周堂이다.

周堂이 亡人에 닿으면 吉하고 그 外는 該當人이 出棺時에 잠간

避(피)하면 무방하다.

만약 屍身을 넣은 棺이 正侵에 없고 他所에 있는 경우는 周堂을

凶婦		亡人
客	女夫	孫
	父	男

꺼리지 아니한다.

29、重葬制殺法 (중장제살법)

백지로 함을 만들고 黃紙에다 이하사자를 朱書로 써서 함가운데에 넣고 棺上에 배치하

면 吉하다.

正二六九十二月은 六庚天刑이라 쓰고 三月은 六辛天延이라 쓰고 四月은 六壬天牢라 쓰

고 五月은 六癸天獄이라 쓰고 七月은 六甲天福이라 쓰고 八月은 六乙天德이라 쓰고 十月

은 六丙天陽이라 쓰고 十一月은 六丁天陰이라 쓴다.

30、祭室設置方位法

— 149 —

忌方—喪門方 弔客方

喪門 弔客兩方은 大忌하니 使用하지마라、 方位을 보는 法은 큰방 문설주에서 指針을 놓고 測定한다。 만일 喪門 弔客方에 祭室을 만들면 年內에 重喪 疾病이 있다。

年支	子	丑	寅	卯	辰	巳	午	未	申	酉	戌	亥
喪門	寅	卯	辰	巳	午	未	申	酉	戌	亥	子	丑
弔客	戌	亥	子	丑	寅	卯	辰	巳	午	未	申	酉

31、歲官交承日

이날은 新舊의 세관신이 交替하는 날로 山運의 被剋과 凶殺을 不拘하고 任意로 造家와 葬埋해도 吉한 날이다。

大寒後 五日과 立春前 二日이 세관교승일이다。

32、諸神上天日

이날은 諸神(吉神凶神을 莫論)이 上天하는 날로 移葬立石修墓改墳에 모두 吉하다。

寒食、清明

한식은 冬至後 百五日째이며 清明은 陰三月 節氣로서 陽四月 五、六日境인데 寒食前이 되거나 寒食日과 同日이 되기도 한다。

二、改葬擇日

이 개장택일도 이상에서 설명한 신장택일법에 준하되 改葬운이 맞아야 한다.

이 개장운의 吉凶法은 다음과 같다.

1、移葬年運看法

行事年太歲와 亡仙生年의 納音五行으로 보는데 相生運이면 吉하니 可用하고 比和도 亦

是可用이며 相剋이면 凶하니 絕對使用치 말라.

기령 甲戌生亡仙의 舊墓를 乙卯年에 移葬한다면 甲戌生은 納音이 火(甲戌乙亥 山頭火)

고 乙卯年은 納音이 水(甲寅乙卯 大溪水)가 되어 水剋火相剋이 되어 不吉하고 丙辰年이

면 五行이 土(丙辰丁巳 沙中土)이니 火生土하여 相生이 되므로 吉하다.

또 丙寅生亡仙이 乙卯年의 移葬運을 본다면 丙寅生은 納音이 火(丙寅丁卯 爐中火)요

乙卯生은 納音이 水이니 水剋火相剋이 되어 不吉하니 移葬을 못한다. 以外도 此例에 依한

다.

2、移葬日 (天牛不守 塚吉日―移葬修墓吉)

吉日―安葬日 陰陽不將吉日 天月德及合日月財定

開日、庚午、辛未、壬申、癸酉、戊寅、己卯、己午、癸未、甲申、乙酉、甲午、乙未、丙申、

丁酉、壬寅、癸卯、丙午、丁未、戊申、己酉、庚申、辛酉日。

凶日―地隔、土忌、土瘟、金神巡山羅候、天官符、地官符、破開建收日女虛昴參井柳翼

伏斷日 句陳 黑道。

3、坐로서 移葬年運을 보는 방법

壬子癸丑丙午丁未坐—子午卯酉年　小運　辰戌丑未年大運

艮寅甲卯坤申庚酉坐—寅申巳亥年　小運　子午卯酉年大運

乙辰巽巳申戌乾亥坐—辰戌丑未年小運　寅申巳亥年大運

4、動塚運（동총운）

移葬、沙草、立石 등의 운을 보는데 적용하되 重喪運은 피하여야 한다。

壬子癸丑丙午丁未坐—艮寅甲卯丑未年大利　子午卯酉年小利　寅申巳亥年重喪

艮寅甲卯坤申庚酉坐—子午卯酉年大利　寅申巳亥年小利　辰戌丑未年重喪

乙辰巽巳辛戌乾亥坐—寅申巳亥年大利　辰戌丑未年小利　子午卯酉年重喪

5、十二生　改葬凶月

亡人生年	子	丑	寅	卯	辰	巳	午	未	申	酉	戌	亥
改葬凶月	正	三	二	七	六	十二	十二	七	四	五	八	九

6、改塚凶時＝이 개총흉시는 舊墓를 옐때의 흉한 시간이니 피하여야 한다.

甲乙日—申酉時、丙丁日—丑午申戌時、戊己日—辰戌酉時、庚辛日—丑辰巳時、
壬癸日—丑卯巳時。

7、開塚法＝개수법은 구묘를 파는데 있어서 忌하는 法인데 다음과 같다.

丙午丁未坐—庚辛日不開　壬子癸丑坐—戊己日不開　坤申庚酉坐—丙丁日不開
艮寅甲卯坐—丙丁日不開　辛戌乾亥坐—甲乙日不開　乙辰巽巳坐—壬癸日不開이며　凶時는　甲
乙日—申酉時、丙丁日—丑午申戌時、戊己日—辰戌酉時、庚辛日—丑辰巳時이다。

附　　錄

◉ 主喪壓見法 （太歲厭本命） —一名呼冲殺

行事年 太歲가 移入中宮하여 順行으로 다시 中宮에 入하는 干支와 太歲生年（本命）이
같은 사람이 主喪壓殺이다。長宗孫 主喪이 이 壓殺을 만나면 當年에 行事하지 못한다。

但 主喪이 庶人인 경우면 壓殺該當者만 不參하면 無關하다。

假令 乙卯年에 行事한다면 乙卯를 中宮에 넣고 順行한즉 乾에 丙辰、兌에 丁巳艮、
戊午、離에 庚申、坤에 辛酉、震에 壬戌、巽에 癸亥、中宮에 甲子가 닿는다。

그러므로 乙卯年에는 甲子生人이 太歲壓本命이 되는 것이다。但 行事年의 太歲 納音이
被剋되면 더욱 忌하여 此和 혹은 相生이면 不忌한다。（早見法 참조）

太歲破 剋則 尤凶 大忌하며 比和相生則 不忌可用한다。

行事年太歲	主喪者의 生年 太歲에 該當되는 生年						
甲子年	甲子生	癸酉生	壬午生	辛卯生	庚子生	己酉生	戊午生
乙丑年	乙丑生	甲戌生	癸未生	壬辰生	辛丑生	庚戌生	己未生
丙寅年	丙寅生	乙亥生	甲申生	癸巳生	壬寅生	辛亥生	庚申生
丁卯年	丁卯生	丙子生	乙酉生	甲午生	癸卯生	壬子生	辛酉生
戊辰年	戊辰生	丁丑生	丙戌生	乙未生	甲辰生	癸丑生	壬戌生
己巳年	己巳生	戊寅生	丁亥生	丙申生	乙巳生	甲寅生	癸亥生
庚午年	庚午生	己卯生	戊子生	丁酉生	丙午生	乙卯生	甲子生
辛未年	辛未生	庚辰生	己丑生	戊戌生	丁未生	丙辰生	乙丑生
壬申年	壬申生	辛巳生	庚寅生	己亥生	戊申生	丁巳生	丙寅生
癸酉年	癸酉生	壬午生	辛卯生	庚子生	己酉生	戊午生	丁卯生
甲戌年	甲戌生	癸未生	壬辰生	辛丑生	庚戌生	己未生	戊辰生
乙亥年	乙亥生	甲申生	癸巳生	壬寅生	辛亥生	庚申生	己巳生
丙子年	丙子生	乙酉生	甲午生	癸卯生	壬子生	辛酉生	庚午生

壬辰年	辛卯年	庚寅年	己丑年	戊子年	丁亥年	丙戌年	乙酉年	甲申年	癸未年	壬午年	辛巳年	庚辰年	己卯年	戊寅年	丁丑年
壬辰生	辛卯生	庚寅生	己丑生	戊子生	丁亥生	丙戌生	乙酉生	甲申生	癸未生	壬午生	辛巳生	庚辰生	己卯生	戊寅生	丁丑生
辛丑生	庚子生	己亥生	戊戌生	丁酉生	丙申生	乙未生	甲午生	癸巳生	壬辰生	辛卯生	庚寅生	己丑生	戊子生	丁亥生	丙戌生
庚戌生	己酉生	戊申生	丁未生	丙午生	乙巳生	甲辰生	癸卯生	壬寅生	辛丑生	庚子生	己亥生	戊戌生	丁酉生	丙申生	乙未生
己未生	戊午生	丁巳生	丙辰生	乙卯生	甲寅生	癸丑生	壬子生	辛亥生	庚戌生	己酉生	戊申生	丁未生	丙午生	乙巳生	甲辰生
戊辰生	丁卯生	丙寅生	乙丑生	甲子生	癸亥生	壬戌生	辛酉生	庚申生	己未生	戊午生	丁巳生	丙辰生	乙卯生	甲寅生	癸丑生
丁丑生	丙子生	乙亥生	甲戌生	癸酉生	壬申生	辛未生	庚午生	己巳生	戊辰生	丁卯生	丙寅甲	乙丑生	甲子生	癸亥生	壬戌生
丙戌生	乙酉生	甲申生	癸未生	壬午生	辛巳生	庚辰生	己卯生	戊寅生	丁丑生	丙子生	乙亥生	甲戌生	癸酉生	壬申生	辛未生

戊申年	丁未年	丙午年	乙巳年	甲辰年	癸卯年	壬寅年	辛丑年	庚子年	己亥年	戊戌年	丁酉年	丙申年	乙未年	甲午年	癸巳年
戊申生	丁未生	丙午生	乙巳生	甲辰生	癸卯生	壬寅生	辛丑生	庚子生	己亥生	戊戌生	丁酉生	丙申生	乙未生	甲午生	癸巳生
丁巳生	丙辰生	乙卯生	甲寅生	癸丑生	壬子生	辛亥生	庚戌生	己酉生	戊申生	丁未生	丙午生	乙巳生	甲辰生	癸卯生	壬寅生
丙寅生	乙丑生	甲子生	癸亥生	壬戌生	辛酉生	庚申生	己未生	戊午生	丁巳生	丙辰生	乙卯生	甲寅生	癸丑生	壬子生	辛亥生
乙亥生	甲戌生	癸酉生	壬申生	辛未生	庚午生	己巳生	戊辰生	丁卯生	丙寅生	乙丑生	甲子生	癸亥生	壬戌生	辛酉生	庚申生
甲申生	癸未生	壬午生	辛巳生	庚辰生	己卯生	戊寅生	丁丑生	丙子生	乙亥生	甲戌生	癸酉生	壬申生	辛未生	庚午生	己巳生
癸巳生	壬辰生	辛卯生	庚寅生	己丑生	戊子生	丁亥生	丙戌生	乙酉生	甲申生	癸未生	壬午生	辛巳生	庚辰生	己卯生	戊寅生
壬寅生	辛丑生	庚子生	己亥生	戊戌生	丁酉生	丙申生	乙未生	甲午生	癸巳生	壬辰生	辛卯生	庚寅生	己丑生	戊子生	丁亥生

癸亥年	壬戌年	辛酉年	庚申年	己未年	戊午年	丁巳年	丙辰年	乙卯年	甲寅年	癸丑年	壬子年	辛亥年	庚戌年	己酉年
癸亥生	壬戌生	辛酉生	庚申生	己未生	戊午生	丁巳生	丙辰生	乙卯生	甲寅生	癸丑生	壬子生	辛亥生	庚戌生	己酉生
壬申生	辛未生	庚午生	己巳生	戊辰生	丁卯生	丙寅生	乙丑生	甲子生	癸亥生	壬戌生	辛酉生	庚申生	己未生	戊午生
辛巳生	庚辰生	己卯生	戊寅生	丁丑生	丙子生	乙亥生	甲戌生	癸酉生	壬申生	辛未生	庚午生	己巳生	戊辰生	丁卯生
庚寅生	己丑生	戊子生	丁亥生	丙戌生	乙酉生	甲申生	癸未生	壬午生	辛巳生	庚辰生	己卯生	戊寅生	丁丑生	丙子生
己亥生	戊戌生	丁酉生	丙申生	乙未生	甲午生	癸巳生	壬辰生	辛卯生	庚寅生	己丑生	戊子生	丁亥生	丙戌生	乙酉生
戊申生	丁未生	丙午生	乙巳生	甲辰生	癸卯生	壬寅生	辛丑生	庚子生	己亥生	戊戌生	丁酉生	丙申生	乙未生	甲午生
丁巳生	丙辰生	乙卯生	甲寅生	癸丑生	壬子生	辛亥生	庚戌生	己酉生	戊申生	丁未生	丙午生	乙巳生	甲辰生	癸卯生

例로서 乙卯生에 移葬을 한다면 乙卯生·甲子生·癸酉生·壬午生·辛卯生·庚子生·己酉

生이 主喪이 되면 不可用하다。(단 그 太歲에 生年이 되는 主喪이 不參하면 無關하다)

◉ 山 運 表

이 山運表는 原名 萬年圖라 한다。위 項의 新山運 보는 法 가운데 三殺、坐殺、歲破 傍
陰符 年克의 安葬凶殺과 灸退、浮天空亡 天官符、地官符、正陰符 向殺 등의 起造凶殺을
六十甲子年에 따른 二十四坐의 定局을 一覽表로 作定한 것이니 葬事는 物論 起造(建屋)
에도 倂用할 수 있다。그러므로 舊墓의 坐로 移葬의 運을 갖춘 뒤에 그 다음으로는 新墓
의 坐로 이 山運表를 參考하여 葬事의 適否를 定할 것이며、또는 새로 建築할 家屋도 이
成造運을 보아 吉年을 가리고 이 表에서 適當하다고 判斷된 뒤에 아래 名各의 모든 吉神
을 맞추어 擇日하는 것이 原則이다。

大利、小利 年은 起造나 安葬에 모두 吉利하다。

三殺、坐殺、歲破、傍陰符、年克은 葬埋에 凶하다。

年克、三殺、歲破、向殺、正陰符、官官符、地官符는 起造에 不利하다。

坐 ／ 年	壬坐
甲子	向浮殺天
乙丑	大利
丙寅	三坐殺殺
丁卯	傍年陰克
戊辰	向殺
己巳	大利
庚午	坐三殺殺
辛未	大利
壬申	傍向陰殺
癸酉	大利

丙坐	巳坐	巽坐	辰坐	乙坐	卯坐	甲坐	寅坐	艮坐	丑坐	癸坐	子坐
殺坐傷殺陰三	三殺	正年陰克	地年官克	大利	灸退	年克	年克	正陰	年克	向年殺克	年克
大利	陰年地克官正	大利	三殺	三坐殺殺	年三克殺	殺坐傷殺陰三	三殺	年克	傷陰	浮天	灸退
向殺	天年官克	大利	傷陰	傷陰	年克	大利	小利	年克	三殺	殺三傷殺陰坐	正三陰殺
年克	大利	大利	小利	向年殺克	小利	向殺	傷天陰官	大利	小利	大利	小利
三坐殺殺	三殺	年克	年克	小利	正灸陰退	年克	年克	大利	年克	向年殺克	年克
傷陰	年克	正陰	三殺	三坐殺殺	三年殺克	三坐殺殺	三殺	正年陰克	大利	大利	灸退
向殺	天傷官陰	大利	小利	大利	小利	傷大陰利	大利	大利	傷三陰殺	三坐殺殺	歲三破殺
浮天	大利	年克	傷年陰克	傷向陰殺	小利	向年殺克	天年官克	大利	歲年破克	年傷克陰	年正克陰
三坐殺殺	三殺	小利	小利	大利	灸退	浮天	歲傷破陰	大利	小利	向殺	地官
大利	大利	大利	三殺	殺坐浮殺天三	破三正殺陰歲	三坐殺殺	三殺	小利	地官	大利	灸退

亥坐	乾坐	戌坐	辛坐	酉坐	庚坐	申坐	坤坐	未坐	丁坐	午坐
天官	小利	年克	僣陰年克	小利	年克	年克	年克	三殺年克	三坐殺殺	三殺歲破
大利	正陰	小利	向殺	正陰	向殺	天官	大利	歲破	僣陰	小利
三殺	大利	大利	浮天	灸退	大利	歲破僣陰	正陰	小利	向殺	地官
小利	小利	僣陰三殺	三坐殺殺	歲破三殺	殺浮三天坐殺	大利	大利	地官	大利	克正陰灸退年
天官僣陰	大利	歲破年克	年克	小利	僣陰年克	地官年克	浮天年克	殺年僣克陰三	三坐殺殺	三殺
歲破	浮天	小利	僣陰向殺	地官	向殺	天官	大利	小利	大利	小利
三殺年克	正陰年克	地官	大利	克正陰灸退年	小利	小利	大利	大利	向殺浮天僣陰年克	大利
地官	小利	三殺年克	殺年三克殺坐	三殺	殺年三克殺坐	殺年僣克陰三	正陰年克	年克	大利	灸退
天官	正陰	僣陰	大利	不多至利後小利	大利	大利	大利	三殺	三坐殺殺	正陰三殺
僣年陰克	年克	大利	向殺	年克	僣陰向殺	天官	正陰	僣陰	年克	小利

生年	壬坐	子坐	癸坐	丑坐	艮坐	寅坐	甲坐	卯坐	乙坐	辰坐	巽坐
甲戌	坐殺浮天三殺	三殺	坐殺三殺	三殺	正陰	地官	大利	小利	大利	歲破	正陰
乙亥	僣陰	年克	浮天年克	僣陰年克	小利	天官年克	向殺僣陰年克	地官	向殺	年克	年克
丙子	向殺	正陰	僣陰向殺	小利	大利	小利	大利	灸退	大利	地官僣陰	大利
丁丑	大利	灸退年克	年克	年克	大利	三殺僣陰年克	三殺年克	三殺	坐殺三殺	三殺年克	年克
戊寅	坐殺年克三殺	三殺	坐殺三殺	三殺	大利	小利	大利	正陰	年克	大利	大利
巳卯	大利	小利	大利	小利	正陰	天官	向殺	大利	向殺	大利	正陰
庚辰	向殺	小利	向殺	僣陰	年克	大利	僣陰	灸退年克	大利	小利	大利
辛巳	年克	灸退正陰	僣陰	小利	大利	三殺	坐殺三殺	三殺	坐殺僣陰三殺年克	僣陰三殺	大利
壬午	坐殺僣陰三殺	歲破三殺	坐殺三殺	三殺	大利	僣陰	浮天	小利	大利	小利	小利
癸未	大利	年克	年克	歲破年克	小利	天官年克	向殺年克	正陰	浮天向殺	年克	年克

— 161 —

戊坐	辛坐	酉坐	庚坐	申坐	坤坐	未坐	丁坐	午坐	丙坐	巳坐
小利	傍陰	年克炙退	大利	小利	大利	小利	向殺年克	小利	向殺傍陰	天官
三殺年克	殺坐年克三	正三陰殺	殺坐年克三坐殺	年三克殺	年克	年克	傍陰	炙退	大利	歲破傍陰
大利	浮天	年克	大利	傍陰	正陰	三殺	殺坐年克三殺	歲破三殺	三坐殺殺	三殺
傍陰	年向克殺	大利	殺年浮天克向	年天克官	年克	歲年破克	大利	正陰	大利	地官
大利	小利	炙退	傍陰	歲破	正浮陰天	傍陰	向殺	年地克官	年向克殺	天官
三殺	三坐殺殺	歲三破殺	三坐殺殺	三殺	大利	地官	不多大至利後利	炙退	傍陰	大利
歲破	大利	正陰	大利	地官	大利	三殺	三天坐殺傍殺殺陰浮	三殺	三坐殺殺	克三傍殺陰年
小利	向殺	地官	向殺	天傍官陰	正陰	大利	大利	年克	浮年天克	大利
地傍官陰	大利	年炙克退	小利	大利	大利	大利	年向克殺	正陰	向殺	天官
年三克殺	殺坐年克三	三殺	克傍坐三陰殺年殺	年三克殺	正年陰克	年傍克陰	大利	炙退	大利	大利

年	壬坐	子坐	癸坐	丑坐	艮坐	寅坐	甲坐	卯坐
甲申	天向年殺克浮	地官	向殺	小利	正陰	歲破	大利	灸退
乙酉	小利	灸退	浮天	地傍官陰	小利	三殺	陰坐三殺殺傍	歲三破殺
丙戌	三坐殺殺	殺年正克陰三	三陰坐年殺殺克傍	年三克殺	大利	地年官克	年克	小利
丁亥	傍陰	大利	大利	大利	年克	天傍官陰	向殺	地年官克
戊子	向殺	小利	向殺	大利	正陰	小利	大利	正灸陰退
己丑	大利	灸退	大利	大利	大利	三殺	三坐殺殺	三殺
庚寅	克坐三殺殺年	三殺	三坐殺殺	傍三陰殺	大利	大利	傍陰	小利
辛卯	大利	正陰	傍陰	小利	大利	天官	向殺	小利
壬辰	向傍殺陰	年克	向殺	小年利克	大利	年傍克陰	年浮克天	灸退
癸巳	大利	灸退	年克	大利	年克	三殺	三坐殺殺	殺三年殺克正

年	乾坐	亥坐
甲申	年克	年三克殺
乙酉	正陰	大利
丙戌	年克	天年官克
丁亥	小利	小利
戊子	大利	傍三陰殺
己丑	浮天	不多至利後小利
庚寅	正陰	天官
辛卯	小利	歲破
壬辰	年克	年三克殺
癸巳	大利	地宮傍陰

庚坐	申坐	坤坐	未坐	丁坐	午坐	丙坐	巳坐	巽坐	辰坐	乙坐
大利	大利	大利	三殺	坐殺三殺	年三克殺	陰殺三年殺克僗坐	三殺	正陰	大利	年克
向殺	天官	大利	小利	僗陰	小利	大利	僗陰	大利	三殺	三坐殺殺
年克	年僗克陰	年正克陰	年克	向殺	小利	向殺	天官	年克	破僗年陰克歲	僗陰
殺坐浮殺天三	三殺	大利	小利	大利	正炙陰退	大利	歲年破克	大利	小利	向殺
僗陰	小利	浮天	僗三陰殺	三坐殺殺	歲三破殺	三坐殺殺	三殺	大利	地官	大利
向殺	天官	大利	歲破	年克	小利	僗陰	地官	正陰	三殺	三坐殺殺
大利	歲破	大利	小利	陰浮殺天向殺僗	地年官克	年克向殺	天陰官僗	大利	小利	年克
三坐殺殺	僗三陰殺	正陰	地官	不多至利後利大利	炙退	浮天	大利	大利	僗陰	僗向陰殺
年克	年地克官	年克	年三克殺	三坐殺殺	正三陰殺	三坐殺殺	三殺	年克	年克	大利
僗向陰殺	天官	小利	僗陰	大利	大利	大利	年克	大利	三殺	殺坐浮殺天三

坐＼年	壬坐	子坐	癸坐	丑坐
甲午	三殺坐殺浮天	三殺破歲年克	三殺坐年克殺	年三克殺
乙未	大利	小利	浮天	歲破傍陰
丙申	向殺	正陰地官	傍陰向殺	小利
丁酉	傍年陰克	灸退	大利	地官
戊戌	三殺坐殺	年三克殺	三殺坐年克殺	年三克殺
己亥	大利	小利	大利	大利
庚子	向殺	大利	向利	傍陰
辛丑	大利	正陰灸退年克	年克傍年陰	年克
壬寅	殺坐殺三傍陰	三殺	三殺坐殺	三殺
癸卯	大利	小利	大利	小利

坐＼年	亥坐	乾坐	戌坐	辛坐	酉坐
甲午	天官	大利	小利	傍陰	小利
乙未	大利不多後利	正陰	大利	向殺	正陰
丙申	三殺	大利	年克	年克浮天	灸退
丁酉	小利	小利	傍陰三殺	三殺坐殺	三殺
戊戌	天官	不多小至利後利	大利	大利	不多小至利後利
己亥	年克	年克浮天	小利	傍陰向殺	年克
庚子	三殺	正陰	大利	小利	灸退正陰
辛丑	不多小至利後利	不多小至利後利	三殺	三殺坐殺	歲破三殺
壬寅	天官	小利	傍陰破歲年克	年克	小利
癸卯	歲破	傍陰	小利	向殺	地官

未坐	丁坐	午坐	丙坐	巳坐	巽坐	辰坐	乙坐	卯坐	甲坐	寅坐	艮坐
克年	向殺	小利	僧向陰殺	天官	年正克陰	年克	大利	小利	年克	年克	正陰
小利	僧陰	灸退	大利	年僧克陰	大利	小利	向殺	年克	僧向陰殺	天官	年克
三殺	三殺坐殺	三殺	三坐殺殺	年三克殺	大利	僧陰	僧陰	年灸克退	大利	歲破	年克
小利	小利	年正克陰	年克	大利	大利	三殺	殺坐年克三	歲三破殺	三坐殺殺	僧三陰殺	大利
年僧克陰	向殺	小利	向殺	天官	年克	歲年破克	小利	正陰	年克	年地克官	大利
小利	大利	灸退	僧陰	歲年破克	正陰	小利	向殺	年地克官	向殺	天官	年正克陰
三殺	三僧坐殺克浮	歲三破殺	三坐殺殺	僧三陰殺	大利	地官	大利	灸退	僧陰	大利	大利
歲年破克	大利	小利	浮天	地官	年克	陰三年克僧	殺坐方陰三	三殺	殺坐年克三	年三克殺	大利
小利	向殺	地正官陰	向殺	天官	小利	小利	大利	小利	浮天	僧陰	大利
地僧官陰	年克	灸退	大利	大利	大利	大利	浮向浮天殺	正陰	向殺	天官	小利

坐＼年	壬坐	子坐
甲辰	浮向天殺	小利
乙巳	小利	年灸克退
丙午	三坐殺殺	破正陰歲三殺
丁未	傍陰	年克
戊申	年向克殺	地官
己酉	大利	灸退
庚戌	三坐殺殺	三殺
辛亥	年克	正陰
壬子	傍向陰殺	小利
癸丑	大利	灸年退克

坐＼年	坤坐	申坐	庚坐	酉坐	辛坐	戌坐	乾坐	亥坐
甲辰	年克	年克	年克	灸退	年傍克陰	年地克官	小利	三殺
乙巳	大利	三殺	三坐殺殺	正三陰殺殺	三坐殺殺	三殺	正陰	地官
丙午	正陰	傍陰	大利	小利	浮天	大利	大利	天官
丁未	大利	天官	浮向天殺	小利	向殺	年克	小利	小利
戊申	浮年天克	年克	年傍克陰	灸退	年克	三殺	坐殺	方三陰殺
己酉	大利	三殺	三坐殺殺	三殺	殺坐傍殺陰三	大利	浮天	大利
庚戌	小利	小利	大利	年正克陰	大利	年克	年正克陰	年天克官
辛亥	正年陰克	官年克天傍陰	年向克殺	大利	年向克殺	傍陰	小利	大利
壬子	大利	歲破	大利	灸退	小利	傍陰	小利	三殺
癸丑	小利	三殺	殺坐傍殺陰三	年歲三克破殺	三坐殺殺	三殺	年克	年傍克陰

午坐	丙坐	巳坐	巽坐	辰坐	乙坐	卯坐	甲坐	寅坐	艮坐	丑坐	癸坐
三殺	殺坐殺三傍陰	三殺	正陰	大利	大利	灸退	大利	大利	正陰	小利	向殺
大利	大利	傍陰	年克	年三克殺	三坐殺殺	三殺	陰殺坐年殺三克傍	年三克殺	小利	年傍克陰	年浮克天
小利	向殺	天官	大利	傍陰	傍陰	小利	大利	小利	大利	三殺	殺坐殺傍陰三
正陰灸退	大利	大利	年克	年克	向殺	小利	年克向殺	克傍天陰官年	大利	歲年破克	年克
年三克殺	殺三年克坐	三殺	大利	大利	年克	正陰灸退	大利	歲破	大利	小利	向殺
小利	傍陰	大利	正陰	三殺	三坐殺殺	歲三破殺	三坐殺殺	三殺	正陰	地官	大利
大利	向殺	官年克傍陰天	大利	歲破	大利	年克	傍陰	地官	年克	傍三陰殺	三坐殺殺
年灸克退	浮年天克	歲破	大利	傍陰	陰向年殺克傍	地官	向殺	天官	大利	小利	傍陰
破三殺正陰歲	三坐殺殺	三殺	小利	地官	大利	灸退	浮天	傍陰	大利	大利	向殺
小利	大利	地官	年克	年三克殺	殺坐浮殺天三	正三陰殺	殺坐殺年三克	年三克殺	小利	年克	年克

亥坐	乾坐	戊坐	辛坐	酉坐	庚坐	申坐	坤坐	未坐	丁坐
天官年克	年克	歲破	傍陰	年克	大利	地官	大利	三殺	三殺坐殺年克
歲破	正陰	年克	年向克殺	地官正陰	年向克殺	年天克官	年克	年克	傍陰
年三克殺	年克	地官	浮天	年炙克退	小利	傍陰	正陰	大利	年向克殺
地官	小利	三殺傍陰年克	三殺坐殺年克	三殺	浮殺坐殺年天克三	年三克殺	年克	年克	大利
天官傍陰	大利	大利	大利	小利	傍陰	小利	浮天	三殺傍陰	三殺坐殺
大利不多至後利	浮天	小利	向殺傍陰	小利不多至後利	向殺	天官	大利	小利	小利不多至後利
三殺	正陰	三殺	大利	正炙陰退	大利	小利	大利	小利	向殺傍陰浮天
大利	小利	傍陰	三殺坐殺	三殺	三殺坐殺	三殺傍陰	正陰	小利	大利
年天克官	年克	年克	大利	年克	大利	大利	小利	三殺	坐殺三殺年克
傍陰	小利	年向克殺	年向克殺	小利	向殺傍陰年克	年天克官	年克	歲破傍陰年克	大利

巽坐	辰坐	乙坐	卯坐	甲坐	寅坐	艮坐	丑坐	癸坐	子坐	壬坐	坐＼年
正陰	大利	年克	小利	大利	大利	正陰	三殺	三坐殺殺	三殺	坐三殺年浮克天	甲寅
大利	三坐殺殺	向殺	大利	傍向陰殺	天官	小利	傍陰	浮天	小利	小利	乙卯
年克	年克	向傍陰	灸退	年克	年克	年克	年克	陰向年殺克傍	年正克陰	向殺	丙辰
大利	浮向天殺	三坐殺殺	年三克殺	三坐殺殺	傍三陰殺	大利	大利	大利	灸退	傍陰	丁巳
大利	傍陰	小利	正陰	大利	小利	正陰	三殺	三坐殺殺	歲三破殺	三坐殺殺	戊午
正陰	三坐殺殺	向殺	大利	向殺	天官	大利	歲破	大利	小利	大利	己未
大利	大利	年克	灸退	大利	歲破	大利	傍陰	向殺	地官	年向克殺	庚申
大利	向殺	殺坐傍殺陰三	歲三破殺	三坐殺殺	三殺	大利	地官	傍陰	正陰灸退	大利	辛酉
年克	年克	大利	小利	年克浮天	官傍年陰克地	大利	年三克殺	殺坐年殺克三	年三克殺	傍三陰殺坐殺	壬戌
大利	殺坐傍殺陰三	浮向天殺	官正年陰克地	向殺	天官	年克	小利	大利	小利	大利	癸亥

戊坐	辛坐	酉坐	庚坐	申坐	坤坐	未坐	丁坐	午坐	丙坐	巳坐
小利	傍陰	灸退	大利	歲破	大利	小利	向殺	年地克官	陰向年殺克傍	天官
三殺	三坐殺殺	破三正殺陰歲	三坐殺殺	三殺	大利	地官	傍陰	灸退	大利	傍陰
歲破年克	年浮克天	小利	年克	克傍地陰官年	年正克陰	年三克殺	三坐殺殺	三殺	三坐殺殺	三殺
傍陰	向殺	地官	浮向天殺	天官	大利	小利	大利	正陰	大利	年克
地官	大利	灸退	傍陰	浮天	傍陰	向殺	小利	小利	向殺	天官
三殺	殺坐傍殺陰三	年三克殺	三坐殺殺	三殺	大利	小利	年克	灸退	傍陰	大利
大利	大利	正陰	大利	小利	大利	三殺	浮殺三傍殺天陰坐	年三克殺	殺坐年殺克三	傍三陰殺
小利	向向	不多小至後利利	向殺	天傍官陰	正陰	小利	不多小至後利利	小利	浮天	大利
年傍克陰	年克	灸退	年克	年克	年克	年克	向殺	正陰	向殺	天官
三殺	三坐殺殺	三殺	殺坐傍殺陰三	三殺	大利	傍陰	大利	灸退	大利	歲破年克

亥坐	乾坐
三殺	大利
不多利 小至後利	正陰
天官	大利
歲破	小利
傍陰 三殺地官 年克	小至後利 不多利 浮天 年克
天官	正陰
大利 不多利 小至後利	小利 不多利 小至後利
三殺	大利
傍陰	大利

○正陰―正陰符　○傍陰符　○天官―天官符　○地官―地官符　○三殺―劫殺、災殺、歲破

○灸退―皇天灸退

◉ 建星　起例

建除 十二神의 次序는 建、除、滿、平、定、執、破、危、成、收、開、閉로써 每月 支에 建星을 起하여 十二支를 順行하는데 그 建星을 起하는 法은 다음과 같다。

立春後―寅、驚蟄後―卯、清明後―辰、立夏後―巳、芒種後―午、小暑後―未、立秋後―申、白露後―酉、寒露後―戌、立冬後―亥、大雪後―子、小寒後―丑。

立春은 正月節인데 立春後는 建星을 寅에 起하여 卯에 除、辰에 滿、巳에 平、午에 定으로 十二神과 十二支의 次序로 順行한다。 또 驚蟄은 二月節인바 二月 驚蟄日 後로는 建星을 卯에 起하여 辰에 除、巳에 滿、午에 平으로 次序에 따라 順行한다。 其外도 모두 이와 같은 例에 依한다。

十二神＼月別	正月（立春後）	二月（驚蟄後）	三月（清明後）	四月（立夏後）	五月（芒種後）	六月（小暑後）	七月（立秋後）	八月（白露後）	九月（寒露後）	十月（立冬後）	十一月（大雪後）	十二月（小寒後）
建	寅	卯	辰	巳	午	未	申	酉	戌	亥	子	丑
除	卯	辰	巳	午	未	申	酉	戌	亥	子	丑	寅
滿	辰	巳	午	未	申	酉	戌	亥	子	丑	寅	卯
平	巳	午	未	申	酉	戌	亥	子	丑	寅	卯	辰
定	午	未	申	酉	戌	亥	子	丑	寅	卯	辰	巳
執	未	申	酉	戌	亥	子	丑	寅	卯	辰	巳	午
破	申	酉	戌	亥	子	丑	寅	卯	辰	巳	午	未
危	酉	戌	亥	子	丑	寅	卯	辰	巳	午	未	申
成	戌	亥	子	丑	寅	卯	辰	巳	午	未	申	酉
收	亥	子	丑	寅	卯	辰	巳	午	未	申	酉	戌
開	子	丑	寅	卯	辰	巳	午	未	申	酉	戌	亥
閉	丑	寅	卯	辰	巳	午	未	申	酉	戌	亥	子

○ 十二神 擇日

建日＝掃舍（家屋清掃）、 出行、 上章、 入學、 求人、 冠帶、 貴人尋訪 등에 吉하고、 建星 修家 動土 婚姻 斬草 破土 葬埋에는 忌한다。

除日＝祭祀 安宅出行 上章 立券 治療 手術 接木 斷枝 種禾 등에 吉하고、 移從、 求官 求職 出貨財 등에는 忌한다。

滿日＝祭祀、 掃舍、 納人、 納財 裁衣 接木 請客 嫁娶등에 吉利하고、 求福、 移從、 立柱、 動土 등을 忌한다。

平日＝平基 （땅 고르는 것）、 取土、 築墻 治途、 祭祀 등에 吉하고 裁種、 開染、 斬草 破土 등을 忌한다。

定日＝祭祀 約婚 求婚 求官 求職 嫁娶 會議 求福 求人、 求嗣 建屋 修家 裁衣 納畜 安葬 등 諸事에 大吉하고 오직 出行、 訴訟、 裁種에는 不利하다。

執日＝祭祀、 上章、 婚姻、 立券、 交易、 建屋、 修家、 工作、 葬埋에 吉하고、 出行、 移從、 入宅 畜舍修理에 不利하다。

破日＝破壞의 意가 있는 날이니 오직 破屋 壞垣 破腫 手術 治病에는 吉하고、 斬草 破土 興工 開業 會議、 出行、 移從、 嫁娶、 進人口、 宴樂등 百事에 不利하다。

危日＝祭祀、 上章、 嫁娶、 立券、 建星、 修家 등에 吉하고 入山치獵 入水捕漁、 行船 航空 旅行 등 危險性이 있는 일은 모두 忌한다。

成日＝祭祀、 安宅、 上章、 求財、 移從、 還家、 接木、 會議、 約婚、 求官、 求職、 開工、 建星

— 174 —

修家 등 萬事에 大吉하고 오직 訴訟 是非에 不利하다。

收日＝祭祀、入學、植木、接種、播種、進人口、納嫁、納采、婚姻、畋獵、納財、納畜、收

金에 吉하고、出行、出財、斬草、破土、造墓、葬埋에 不利하다。

開日＝祭祀、祈福、婚姻、建星 修家、開業、開工、穿井、開塘 立券、出行、出財 등에 吉

하고、動土 安葬 閉門 등을 忌한다。

閉日＝祭祀 葬埋 作厠 立券 閑鎖 閉門 塞路 등에 宜하고 出行、移徙、還家 遠回 建星 修

家 動土 등을 忌한다。

○二十八 宿定局

二十八宿의 名稱과 次序는 다음과 같다。

角・亢・氏・房・心・尾・箕・斗・牛・女・虚・危・室・壁・奎・婁・胃・昴・畢・觜・參・
井・鬼・柳・星・張・翼・軫

二十八宿의 七曜所屬은 다음과 같다。

木―角・斗・奎・井

金―亢・牛・婁・鬼

土―氏・女・胃・柳

日―房・虚・昴・星

月―心・危・畢・張

火―尾・室・觜・翼

水―箕・壁・參・軫

寅午戌日에 木曜日을 만나면 角宿이다。

이 角畜이 닿는 날부터 二十八畜의 順序로 붙여 나간다.

二八宿 定局表

日支 ＼ 曜日	木	金	土	日	月	火	水
寅午戌日	角	牛	胃	星	心	室	參
亥卯未日	井	亢	女	昂	張	尾	壁
申子辰日	奎	鬼	氐	虛	畢	翼	箕
巳酉丑日	斗	婁	柳	房	危	觜	軫

例를 들어 木曜日에 日支가 寅午戌日이면 角宿이요 亥卯未이면 井宿이요 申子辰日이면 奎宿이요 巳酉丑日이면 斗宿이다. 즉 曜日과 日辰만 알아가지고 위 表를 찾아 보면 二十八宿의 位置를 알 수 있다.

○二十八宿 吉凶

角木＝建屋 修家 婚姻에는 吉하고 移葬、修墳(沙草) 立石에는 不利하다.

亢金＝成造를 犯하면 長男 長婦에게 해롭고 婚姻하면 空房수가 있으며、葬埋에는 重喪이

이 일어난다。

氏土=建屋 修家 婚事에는 吉하고 葬埋와 修墓에는 不利하다。

房日=每事에 吉利하고 다만 葬埋에만 不利하다。

心月=諸事에 모두 不利하다。

尾火=建屋、修家、婚姻、開門放水에 吉利하다。

箕水=建屋、修家、修墓、安葬、開門放水에 모두 吉하다。

斗木=起造、葬埋등 萬事에 吉하다。

牛金=이 날은 主로 殺神이 많은 날이니 凡事에 不利하다。

女土=建屋、修家、修墓、安葬、開門放水에 모두 不吉하다。

虛日=每事에 吉利하나 오직 葬事에는 不利하다。

危月=建屋、修家、葬埋、開門放水에 不利하다。

室火=建屋、修家、安葬、開門放水에 모두 吉하다。

壁水=建屋、起造、沙草、安葬、開門放水에 모두 吉하다。

奎木=다만 起造 工作에만 吉하고、葬埋、開門放水에 不利하다。

婁金=起造、婚姻、修墳、安葬、開門放水에 大吉하다。

胃土=建屋、修家、安葬에 吉하다。

昴日=建屋、修家、工作에만 吉하고 沙草、安葬、婚姻、開門放水에는 不利하다。

畢月=婚姻、建屋、修家、開門放水에 大吉하다。

觜火=오직 葬埋에만 可하고 其外의 凡事에는 不利하다.

參水=오직 起造에는 吉하나 葬埋、婚姻、開門放水에는 不利하다.

井木=建屋、修家、開門放水에는 吉하고 安葬에는 凶하다.

鬼金=修墳、安葬에는 宜하고、建屋、修家、婚姻、開門放水에 不利하다.

柳土=建屋、修家、開工、修墳、安葬、開門放水에 不吉하다.

星日=每事에 不利하고 오직 新房을 꾸미는데만 吉하나、만일 다른 凶殺이 臨하면 도리어 生離死別 수가 있다.

張月=建屋、修家、修墳、安葬、婚姻、出行 上官 出兵 등에 모두 吉하다.

翼火=오직 修墓、安葬、立石 등에만 吉하고 建屋 修家 工作 開業 開門放水에는 不利하다.

軫水=出行、造舟、建屋、修家、工作、葬埋、裁衣 등에 모두 吉利하다.

◉ 婚禮

一、結婚式

長年이 되어 중매를 서면 중매결혼이 되고 서로 눈이 맞아서 서로 좋아하게 되는 인연일때를 연애결혼이라 한다.

처음 부부가 되기 이전에 신랑신부 양가에서 맞선을 본다. 또는 부모도 모르게 서로 당사자끼리만 교제를 하다가 중간에 서로 뜻이 맞지 않으면 절교하는 것도 나쁜 일은 아닐

깃이다。 그러나 뜻이 서로 상통하면 양가부모의 뜻이 상통된 후에 약속하는 것이 約婚이

되는 것이다。

約婚은 신랑신부가 生氣、福德이 될수 있는 날을 택해서 양가의 부모와 친척 어른을 모

신 가운데 서로 인사를 하는 것인데 약혼식은 대개 신부집에서 연회석을 마련하기도하고

회식을 할수 있는 식당 등에서 남자측에서 주도하여 소연을 베풀어도 되는 것이며 약혼식

을 하는 장소에서 약혼기념품을 서로 교환하고 기념사진을 촬영하는 것이 원칙인 것이다。

그러나 구식으로 한다면 여러가지의 서신연락등 격식이 있는데 서식이나 절차는 다음 章에

신기로 하고 약혼식의 절차를 말하기로 한다。

첫째、 개식사 (양가 부모중 한분이 하면 더욱 좋을 것이다。

둘째、 신랑신부 약력소개와 약혼에 대한 양가부모의 동의 박수 (녹음을 해두는 것이 좋

다。)

셋째、 예물 교환

넷째、 케이크 자르기 (신랑신부가 촛불을 끄고 케이크를 자른다)

다섯째、 양가가족 및 친척·래빈소개

이상과 같이 약혼식이 끝이나면 다음은 신랑측에서 신부측 부모에게 결혼날을 택일하여

보내 달라는 말을 하면 신부측에서는 택일을 하여 신랑집에 보낸다。 그러면 신랑측에서는

결혼 일자를 확정하여 정식으로 신부가에 보내므로 成婚이 되는 것이다。

二、 四星涓吉納幣

옛날이나 지금이나 결혼이란 인생의 첫출발의 기초라고 하여도 과언이 아닐것이며 百年을 언약하는 장소가 바로 결혼식장이 아닌가 생각이 든다.

우선 결혼이란 중매결혼, 연애결혼 두가지로 나눌수 있겠으나 어떻게 맺어진 결혼이라 하더라도 다음의 법식은 꼭 지켜서 실천하는 것이 좋다.

1、 四星—四星 (사성) 은 이른바 四柱라고도 한다。 이것은 구식약혼에 따른 納釆儀禮의 일종으로서 혼담의 합의를 본 다음에 남자측에서 혼인 당사자의 生年月日時를 써서 중매인이나 친한 사람을 시켜서 신부될 사람에게 정식으로 청혼하면 그것을 여자의 집에서 받고 약혼이 성립된다。 四星을 보일때는 보에 싸는데 안쪽은 남색 겉쪽은 붉은색 비단으로 만든 겹보를 쓴다。 四星을 보낼때에는 편지도 같이 보내는 것이 원칙이다。 四星 쓰는 법은 혼인택일편에 자세히 기재되어 있다.

2、 四星便紙書式

伏惟 仲秋之節에

尊體候 以時萬重이 仰謂 區區之至이오며

親事는 旣豪契許하오니 寒門慶幸이옵니다。 釆單을 錄呈하오니 涓吉 回示하시면 如何오

리까 　　　 餘不備伏惟

尊照謹拜 　上狀

尊體候 以時萬重이 仰謂 區區之至이오며　第家兒 (婚主가 祖父면 孫兒伯叔父면 姪兒 兄이면 弟)

결혼일자는 신부집에서 먼저 택일하여 날을 정하여서 신랑집으로 보내면 신랑집에서 다

○○○ 再拜

○○后人 ○○○

○ 年 ○ 月 ○ 日

시 택일하여 보고 확정하여 신부집에 회답하는 것이다.

3、涓吉＝涓吉이란 혼인날짜를 정하여서 보내는 것을 말한다.

사성을 받은 신부집에서는 다음과 같이 택일하여 신랑집으로 보낸다。 연길을 보낼때에

도 편지를 보내는 것이 원칙이다。

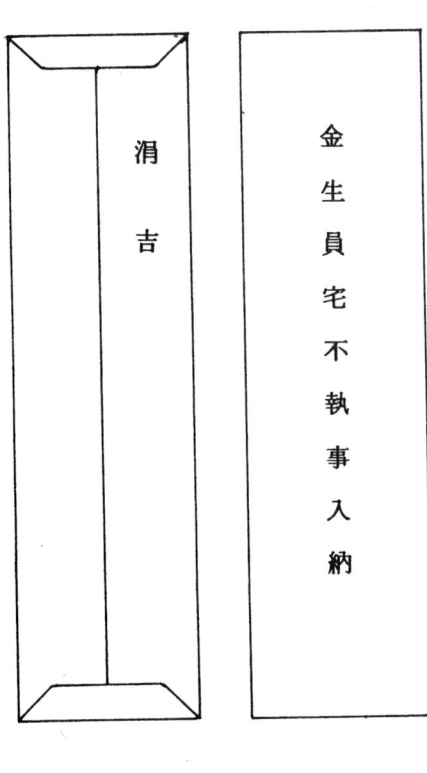

禮擇日

乾命 甲子

坤命 乙丑

奠雁庚申○月○日○時

納幣 ○日 ○時

大禮 ○日 ○時

干歸 ○日 ○時

涓吉

金生員宅不執事入納

○ 涓吉便紙

伏承革輪하오니 感荷無量이옵니다。

謹未審玆時에 尊體萬事이 仰慰區之至라

弟女兒親事는 旣承柱單하오니 寒門慶事라

涓吉錄呈하오니 章製回示하심이 如何오

餘不備伏惟

奠尊照謹拜 上狀

○年 ○月 ○日

○○后人 ○○○ 再拜

4、納幣 (婚書式)

납폐는 신랑집에서 신부집에. 혼인을 허락한데 대한 감사의 뜻으로 보내는 예물함이다。

이 함은 요즈음에는 큰 가방으로 사용하기도 한다。 함속에는 청홍상 즉 청색홍색치마감、

금은 페물 혼서지、화장품 등을 넣고 혼서지는 청실홍실로 묶은 다음 物目記를 넣어서 보낸다。

함을 보내는 날짜는 혼례를 치르기 전인데 과거에는 초례청에서 납폐를 하였으나 오늘

날은 혼례식 전일이나 당일에 형편 따라 보낸다。 이것을 봉채라고도 한다。

구식납폐에는 謹封을 가지 글자모양이 다르게 써서 위 아래가 터진 봉투를 만들어 함속

이 넣었으나 근래에는 형식만 갖추거나 생략하고 있다.

근봉의 용도는 하나는 함을 싼 보자기의 매듭을 봉하고 또 하나는 신랑이 초례청에 입장할 때 안고 들어가는 오리의 목에 걸고 또 하나는 신부의 옷고름에 봉하였다.

혼서식 쓰는 요령(방법)은 혼인택일편에 기재되어 있다.

5. 物目記

물목기란 신랑댁에서 신부에게 주는 성혼예물명을 기록한 것인데 주로 채단명과 수량폐물(귀금속류)의 명칭과 수량을 기재한다. 용지는 한지 뚜꺼운 것을 사용한다.

物　目
一、玄 (청색옷감)　一段
二、纁 (붉은색옷감)　一段
三、금가락지　一点
四、花粧品　一箱

○○后人　○○○물

◉ 納幣書式

婚書紙는 혼인증명서이고 納幣書란 禮函을 보낸다는 신랑측에서 신부댁에 보내는 서한이다.

아래와 같은 서식으로 쓰고 봉투 외봉서식은 혼서지의 서식과 같이 쓴다.

※ 신부댁에서도 신행길에 혼수 및 신랑댁 가족 혹은 친척들의 인사예물이 있을 경우 물목기를 작성하여 미리 제시하여 하객들의 구경에 대비 혼수의 자랑 겸 분실에 대비하였다.

慶州人金 ○○ 白

金海金○○ 尊親 執事 伏承

嘉命 許以

今女貺室僕之長子○○ 玆有先人之禮敬

遺使者行納幣伏惟

尊玆特賜

鑑念不宣

年　月　日

慶州人金○○ 拜

6、혼서답장 (婚書答章)

혼인예식이 끝나고 子歸할때 신부측에서 다음과 같은 답서를 써서 신랑집에 보낸다.

이상의 절차를 거처 혼례는 마친 셈이다. 그다음의 절차로는 親迎이다. 친영이란 혼인

의 의식을 마치고 신부가 신랑집으로 갈때 신랑집서 신부를 맞아들이는 의식이나 요즈음은

이 의식을 거행하는 집이 없으므로 생략한다. 다음으로 신부가 신랑집에 도착하면 사당(

祠堂) 에서 조상에게 고하고 나서 시부모 (媤父母) 에게 첫인사를 올리는 구고례 (舅姑禮)

가 있다. 이 구고례를 끝마치므로 해서 혼례의식은 완전히 끝나는 것이다. 이때 신부가

三、結婚式準備 및 凡節

1, 혼인의 초청

혼례식에는 친척과 가까운 친지를 초청하는데 가정의례준칙에 따라 청첩장은 내지 않는 것을 원칙으로 한다. 그러나 결혼일자가 정해지면 일가친척들과 친지들에게 알리고 초대하지 않을수 없는 일이므로 먼곳에는 서신 왕래등을 고려하여 미리 알리는 것이 좋다.

2, 혼례식장 (婚禮式場)

金海人金○○白

慶州金○○ 尊親執事 伏承

嘉命 委禽寒宗顧惟弱息教訓無素功恐

弗堪玆又豪順先典既以重禮辭既不獲取

不重拜伏惟

尊玆特賜

鑑念不宜

年　月　日

金海金○○再拜

준비 해온 술과 안주로 폐백을 올리는 것이다. 요즈음은 구고례를 폐백이라는 이름으로 대신하고 있다.

혼례식장은 양가의 가정이나 예식장·공회당 등을 택하는데 구식으로 힐때는 대개 신부

집에서 하게되고 신식으로 할때는 예식장등 적당한 장소에서 하게된다.

예식장에는 일정한 설비가 되어 있어서 별일이 없으나 그렇지 않은 장소에서 식을 올릴

때는 교배석 (交拜席) 을 마련하지 않으면 안된다. 그리고 구식 혼례에는 초례상을 마련

한다. 그러나 요즈음은 당사자들의 직업이나 취향에 따라 특수한 장소 (수중결혼 등산복

차림의 山頂결혼등) 에서의 예식도 있다.

3、 주례 (主禮) 와 사회자 (司會者)

① 주례 (主禮)

주례는 혼인당사자가 잘알고 존경하는 어른에게 부탁한다.

혼례식은 주례의 지도여하에 따라 식장 분위기가 좌우될 정도로 주례의 사명은 중요하

다。 무엇보다도 식은 엄숙하면서도 화기 (和氣) 가 넘치도록 명랑해야하며, 주례 자신은

너무 지루하게 말하지 않도록 해야한다。 즉 간결하면서도 정서와 풍요한 감흥을 주어야

한다。 대체로 신랑과 신부는 긴장된 상태에 있으므로 그들의 태도를 잘 살펴 모르는 점

은 가르쳐 주어 실수하지 않도록 이끌어 주어야 한다。

축사나 축전을 미리 대표적인것만을 가려 지루한 감을 주지 않도록 해야한다。 그리고

식은 시작부터 끝나기까지 약三〇분 정도로 하는 것이 가장 적당하다。

주례사는 주례의 소감에 따라 실감있고 간결한 내용으로 추리도록 한다。

우선 내빈에게 사의 (謝意) 를 표하는 말로 「여러분이 지켜보시는 가운데 신랑신부의 서

약에 의해 이제 한 부부로서 굳게 맺어졌음을 기쁘게 생각하며 증인이 되어주신 여러분께 진심으로 감사 드립니다.」라는 식으로 이들의 결합을 축복하고 나아가 이들 신혼부부의 앞날을 축복하는 뜻으로 부부로서 가정·사회·국가·인류 등에 결부시켜 지침이 되고 격려하는 말을 한다. 이 경우 미리 원고를 써가지고 읽기도 하지만 그보다 원고없이 하는 주례사가 더 바람직하다.

② 사회(司會)

사회자는 식순에 따라 식의 진행을 맡는 사람을 말한다. 예컨대 「곧 식을 시작하겠읍니다. 모두 자리에 앉아주십시오」「지금으로부터 ○○○선생님을 주례로 모시고 신랑○○○군과 신부○○○양의 결혼식을 올리겠읍니다.」하는 식으로 여러사람이 알아들을수 있도록 말하며 절도있게 식순에 따라 식을 진행한다.

③ 혼례의복(婚禮衣服)

신랑·신부의 혼례복장은 단정하고 정결한 옷차림으로 하며 신랑이 한복을 입을 경우에는 두루마기를 입어야한다.

일반적으로 신랑은 양복을 입고 신부는 양장이나 한복을 입고 머리에 면사포를 쓴다.

구식인 경우, 신랑은 사모관대에다 관복(官服)·흑화(黑靴) 등을 갖추고 신부는 족두리 쓰고 원삼을 입는다.

④ 결혼축하(結婚祝賀)

◉ 혼례 꽃

혼례식에서 꽃을 달 경우 신랑 신부와 주례 그리고 양가의 부모 또는 그대리자에 한

한다. 이 경우 하객은 화환등을 보내지 않는다. (가정의례준칙에 준함)

◉ 부조 (扶助) 와 단자 (單子)

부조는 경사 (慶事) 때 선물이나 금전을 보내어 그 경사에 대한 축하의 뜻을 표하고

또한 경제적으로 약간의 협조를 뜻하는 것이다.

돈을 보낼 경우에는 되도록이면 깨끗한 것을 구하여 깨끗한 종이에 싸고 단자 (單子)

를 써서 함께 봉투에 넣는다.

선물인 경우에 부피가 클때는 단자만을 봉투에 넣고 물건은 따로 포장해서 보낸다.

단자 (單子) 란 부조하는 물목 (物目) 을 뜻하는데 그 용지는 백지가 좋으며 색지를 쓸

때에는 아름다운 색깔을 택하도록 한다.

단자가 쓰여진 종이를 접을 때는 축하의 글귀와 상대편의 성명이 씌어진 곳에 줄이 생

기지 않도록 접어야 한다.

단자를 쓰지 않고 봉투에만 쓸때는 봉투 앞면에 축하의 글귀를 쓰고 왼편 약간 아래쪽

에 물목 (物目) 을 쓰도록 한다.

※ 단자서식

※주혼자에게 보낼때

○○先生宅

令胤 (또는 令愛)

婚姻時

年月日

○○○ (物目)

謹呈

※신랑 신부 두분께 보낼때

○○○ (物目)

두분의 백년가약을 축복드리며 변변치않으나 이로써축하의 뜻을 표합니다.

년 월 일

○○○드림

신랑○○○씨 에게
동 신부

※당사자에게 보낼때

祝 華婚

金 ○○○원

年月日

○○○貴下

謹呈

※ 남자의 혼사에는 華婚이라하고 여자의 혼사에는 華姻이라 쓴다.

※ 일반적으로 。祝結婚。華燭之典。祝儀。祝盛典。祝聖婚。華燭盛典等으로 쓴다.

◉축전(祝電)

※ 결혼식에 직접 참석할 수 없을 경우 축전을 보내어 축하의 뜻을 전하는 것이 좋다.

축전을 보낼 때에는 특히 도착할 시간을 참작하여 미리 보내도록 한다. 축하전문은 체신부에서 제정한 경축전보의 문례（文例）를 이용하면 요금도 싸고 특별히 디자인된 아름다운 용지를 봉투에 넣어 배달하게 된다。

◉혼례식（婚禮式）

혼례식은 아래와같은 식순에 따른다

```
1. 개       식
2. 신랑 신부 입장
3. 신랑 신부 맞절
4. 신랑 신부 서약
5. 성혼 선언문 낭독
6. 혼인 신고서 날인
7. 주례사
8. 신랑 신부 인사
9. 신랑 신부 퇴장
10. 폐식
    기념사진 촬영
```

◉혼례식 진행요령（婚禮式進行要領）

1、개식 선언‥사회자가 선언한다。

2、신랑 입장‥신랑은 조용한 걸음으로 입장하여 주례석 앞까지 가서 신부의 입장을 맞이한다。

3、신부 입장‥신부는 아버지 또는 오빠의 인도로서 음악에 발을 맞추어 입장하여 주례앞

◉신행（新行）

신행이란 신부가 신랑집에 들어가는 것을 말하는데 도회지의 혼례식에서는 신랑신부의 양가부모와 친척들이 함께 참석하므로 식이 끝난 다음에 폐백을 올리고 형편에 따라서는 신혼여행을 갔다와서 신행하기도 한다。

－ 190 －

까지가서 신랑의 오른편에 선다。

4、 신랑신부맞절::주례의 지시에 따라 신랑신부는 마주보고서서 맞절을 한다。

5、 신랑신부서약::주례가 우선 「두분은 이제 百年偕老할 부부의 佳約을 맹서하겠읍니다。 엄숙하고 경건하며 신성한 마음으로서로 굳게 맹서하십시오」라고 한 다음 〈혼인서약〉을 낭독한 다음 신랑신부의 맹서를 확인하는 대답을 듣는다。

6、 성혼선언문낭독::주례가 성혼선언문을 낭독한다。

7、 혼인신고서날인::주례가 신랑・신부로 하여금 혼인신고서에 날인하게 한다。

8、 주례가 신랑신부의 새출발을 축복하는 말을 한다。

9、 신랑신부신시::신랑신부는 주례의 지시에 따라 내빈을 향해 돌아서서 경건한 태도로 머리숙여 인사한다。

10、 신랑신부퇴장::신부는 신랑의 왼팔을 오른팔로 끼고 음악에 발맞춰 조용히 걸어나간다。

11、 폐식::신부가 식장의 문 근처까지 나가면 사회자는 「이것으로 신랑○○○군 과 신부○○○양의 결혼식을 마칩니다 대단히 감사합니다」하고 폐식을 선언한다。

이상과 같이 식이 끝나면 기념사진을 찍은 다음에 폐백을 올리는데 그것은 형편에 따라 한다。

4、 종교식 결혼식

사문(寺門)에 출입하는 사람 횡액(橫厄)을 면하지 않으며 부처님을 받드는 사람이면 수명(壽命)이 연장되지 않는 사람이 없다는 것을 만이(萬人)의 통계에서 얻어진 자료이므로 불교를 숭상하여도 밋지지 않으리라 생각하면서 권고하는 바이다.

한 평생에 한번 있는 소중한 결혼식만은 될수 있는한 부처님 앞에서 백년가약을 하는것이 우리들의 생존해 있는 인간을 앞에 놓고 형식적인면을 취하는 것보다는 뜻깊은 일이 아널까 생각이 든다.

불교식이라하여 특별히 어떤 격식이나 갖추어야 할것은 없고 일반적인 결혼식 준비와 별다름이 없다. 다만 법당에서 불교의식에 준하여 거행될 뿐이다.

● 불교식 혼례식순

一, 하객 일동 좌정
一, 주악 (스님의 축문독송)
一, 신랑 신부 입장
一, 사혼자(司婚者) 불전에 교백문(敎白文) 낭독
一, 주악에 따라 신랑신부불전진배 (佛前進拜)
一, 사회자가 신랑신부에게 각각 염주를 쥐어 주고
一, 사혼사(司婚辭)를 말하면 두사람 서약
一, 신랑신부서약
一, 주악 (스님독경)
一, 양가 대표 인사
一, 폐식

● 기독교식 혼례식순

一, 주례 입석
一, 신랑신부 입장 (주악)
一, 찬송
一, 성경 낭독
一, 기도
一, 성례문 낭독 (절차진행)
一, 찬송
一, 사회
一, 축문· 축전 낭독
一, 축도
一, 양가 대표 인사
一, 신랑 신부 퇴장 (주악)
一, 폐식

※ 구식 혼례식은 사처(私處)에서 쉬었다가 납페(納幣)、전안례(奠雁禮)、초례(醮禮)의 순으로 진행되나 요즈음은 별로 쓰이지 않으므로 여기서는 생략한다。

※ 결혼기념일

一、지혼식(紙婚式) —一주년기념일
二、고혼식(藁婚式) —二주년기념일
三、과혼식(菓婚式) —三주년기념일
四、혁혼식(革婚式) —四주년기념일
五、목혼식(木婚式) —五주년기념일
六、화혼식(花婚式) —七주년기념일
七、석혼식(錫婚式) —一〇주년기념일
八、마혼식(麻婚式) —一二주년기념일
九、동혼식(銅婚式) —一五주년기념일
一〇、도혼식(陶婚式) —二〇주년기념일

十一、은혼식(銀婚式) —二五주년기념일
十二、진주혼식(眞珠婚式) —三〇주년기념일
十三、산호혼식(珊瑚婚式) —三五주년기념일
十四、홍옥혼식(紅玉婚式) —四五주년기념일
十五、금혼식(金婚式) —五〇주년기념일
十六、회혼식(回婚式) —六〇주년기념일
十七、금강석혼식(金剛石婚式) —七五주년기념일

○ 壽　筵

一、壽筵凡節

1、壽筵의 種類

수연이란 人生의 장수를 기념하는 祝賀宴으로서 回甲、七〇세의 古稀 七七세의 喜壽、八八세의 米壽 등이 있다.

이중에서 回甲 때를 가장 뜻깊게 紀念한다. 그리고 回甲이란 六甲의 干支가 六〇年만에 한바퀴씩 돌아온다는 뜻으로서 이를 周甲・還甲 또는 花甲이라고도 한다.

이날을 맞으면 그 子女들이 주동하여 부모에 대한 은혜를 감사하고 위로를 드림과 동시에 친척과 친지들을 초청하여 잔치를 베풀고 하객들은 回甲主에게 기념품을 드리면서 더욱 그 長壽를 빈다. 그리고 回甲 당사자가 사회적으로 저명한 사람인 경우에는 그분을 위해 뜻있는 사람들이 발기하여 紀念事業을 계획하기도 한다.

2、獻壽

헌수란 回甲을 맞는 분에게 그 子女들이 큰상을 차려 술잔을 올리고 절을 하면서 祝壽하는 것을 말한다. 즉 回甲을 맞는 내외분을 대청이나 기타 적당한 장소에 자리를 마련하여 그 앞에 정성껏 마련한 여러가지 음식물 많이 피어 큰상을 차려놓고 큰아들 내외로부터 차례로 술잔을 올리고 절을 하고 헌수한다. 그다음에 출가한 딸내외와 그밖의 친척이나 손님들 중에서 축배를 올리고자 하는 사람은 이 자리에서 올린다. 이때 祝辭를 하기도 한다.

만일 回甲을 맞는 분의 父母가 살아계신 경우에는 그 父母앞에도 큰상을 치리고 回甲되신 내외가 그 父母에게 먼저 술잔을 올리고 절을 한다음 자기 자리에 앉아서 獻壽를 받는다, 이때 따로 큰상을 차리지 못할 경우에는 같은 자리의 중앙에 모시고 먼저 술잔을 올린다음 그 옆에 앉아서 받도록 한다.

3、壽筵請牒

수연에 초대하는 청첩은 대개 回甲을 맞는분의 子女들이 하게 된다. 그리고 公職이나 어떤 단체에 관계가 있는 사람이면 그곳의 뜻있는 사람들이 발기인이 되어 별도로 祝賀宴을 갖는 경우도 있다.

청첩장은 가정의례준칙에 따라 보내지 않는 것이 원칙이지만 대체로 다음과 같은 요령에 의해 그 청첩의 뜻을 전한다. 먼저 상대편의 安否를 묻고 초대하는 사연을 쓰며 壽日과 장소를 명기한다. 文章은 얼마든지 자유롭게 創作해도 좋으나 되도록 간결하게 그 뜻을 전하도록 한다.

※ 자녀들이 보낼때 쓰는 청첩장

※ 발기인들이 보내는 청첩장

○○○ 선생님께

삼가 맹춘지절에 존체 금안하심과 댁내
만복을 축원하옵니다.

다름아니옵고 이번에 저희들의 어머님(또는
아버님)께서 회갑을 맞이하게 되었읍니다.
자식된 도리로 어머님(아버님)의 회갑을 맞
는 기쁨의 자축연을 여러분과 함께 하고자 하
오니 바쁘신 중에도 꼭 참석하여 주시면 잊
지못할 영광이겠읍니다.

년 월 일

때 년월일 시
곳 시 동 번지 집

아들 ○ ○ ○
　　 ○ ○ ○
　　 ○ ○ ○ 올림

아뢰올 말씀은 다름아니라
오는 ○월 ○○일은 ○○○선생님이
회갑을 맞는 날입니다. 그래서 이
날을 기념하기위하여 저희들이 소
규모의 축연을 갖기로 하였읍니다.
부디 참석하시어 이자리를 빛내주
시기 바랍니다.

년 월 일

때 년 월 일 시
곳 ○○회관

발기인 ○○○
　　　 ○○○
　　　 ○○○ 올림

4、 壽筵祝賀

수연을 축하하기 위해 금전이나 물품을 선물하는데 이를 보낼때는 單子를 써서 봉투에
넣어보낸다. 單子가 쓰여진 종이를 접을때는 祝儀文句와 상대편의 姓名이 쓰여진 곳에

줄이 생기지 않도록 접어야 한다.

⊙ 單子書式

※ 자녀에게 보낼때

祝　儀

○ ○ 氏

椿堂（또는慈堂） 壽筵時

金　○○○　원

年 ○ 月 ○ 日 ○ 謹呈

※ 당사자에게 보낼때

○○선생님께
삼가 수연을 축하하나이다.
○○○ （物目 기념품명）
年 ○ 月 ○ 日 ○ 올림

※ 당사자에게 보낼때

祝　壽筵

○ ○ ○ （物目）

年 ○ 月 ○ 日 ○ 謹呈

○ ○ ○ 尊下

※ 椿堂은 어르신네라는 뜻으로서 상대방의 아버지를 존대하는 말이며, 慈堂은 존대하는 말이다.

● 壽筵祝儀 (봉투 쓰는 법)

단자를 쓰지않고 봉투에만 쓸때는 표면에 축하의 문구를 쓰고 그 아래와 좀 왼편에 내용물의 物目을 쓰도록 한다. 봉투는 가급적이면 이중봉투를 쓰는것이 좋다.

○ 單子를 써서 넣을때

```
祝  壽  筵

○
○
○ 先生宅  吉納所  入納
```

○ 單子를 쓰지않고 봉투만 쓸때

```
祝  壽  筵

○
○
○ 先生宅  吉納所  入納

金 ○○○○ 원
```

5, 壽筵祝賀文句

○축 수 연＝祝 壽 筵
○축 회 갑＝祝 回 甲
○축 환 갑＝祝 還 甲
○축 희 연＝祝 禧 筵
○祝 儀   ○壽 儀
○慶 儀   ○賀 儀
○수연을 축하하나이다.

○환갑을 축하하나이다.
○회갑을 축하하나이다.
○진갑을 축하하나이다.
○삼가수연을 축하하오며
만수무강 하시기를 비옵니다.

6、壽筵式順

수연의식의 식순은 일정치 않으나 대체로 다음과 같은 식순에 따름。

식 순

一、개 식 （開 式）
一、헌 화 （獻 花） 풍악
一、식 사 （式 辭）
一、약 력 （略 歷） 축무
一、헌 수 （獻 壽） 풍악
一、하 사 （賀 辭） 예물증정
一、축 사 （祝 辭）
一、축 가 （祝 歌）
一、송 시 （頌 詩）
一、영 창 （詠 唱）
一、예 사 （禮 辭）
一、폐 식 （開 式）

○ 喪 禮

一、喪禮凡節

인생은 한번나면 한번 죽는것은 정한 이치이다。 태어나는 것도 중요하지만 세상을 떠

－ 199 －

나는 죽엄길을 더 중요시하여 엄숙히 세상을 떠난다. 사람이 죽으면 자손친지、사회、국가、인류전체가 서로 인연을 맺고 있는 까닭에 좀더 오래 살기를 바라고 이내 유명을 달리하게 되면 아쉬워하고 슬퍼하며 저승에서의 명복을 비는 것이다. 그래서 고래로 죽음에 대해 까다로운 범절을 마련하여 지켜왔으나 이것이 범제화 한것도 아니어서 朱子家禮、栗谷家禮・尤庵家禮 등등 여러가지 범절 형식이 있어 각지방 각가문에 따라 다르나 일반적으로 실행하고 있는 중요한 부분에 대하여 설명하고자 한다.

1、喪禮

(1)、臨終과 遺言

환자가 위독하게 되면 가족들은 다음과 같은 일을 하여야 한다.

① 환자에게 물어야 할 일을 간추려 환자의 대답을 기다려 기록 또는 녹음.

② 가족은 급히 직계비속 및 특별한 친지에게 알려 환자의 운명을 지켜본다.

환자가 무슨말을 하게되면 그말을 자세히 듣고 기록을 하거나 또는 녹음하거나 한다.

그리고 재산을 증여하는 등 법률상 관계가 깊은 유언은 自筆證書를 얻어 두어야 할 경우도 있다. 그러나 이같은 유언은 病勢가 위독할 때보다 평소에 본인 스스로가 미리 證書를 만들 두어야 하며 법률관계에 특히 유의할 필요가 있다.

(2)、收屍

① 깨끗한 백지나 솜으로 코와 귀를 막는다.

환자가 운명하면 지체없이 다음과 같은 일을 하여야 한다.

②、눈을 감기고 입을 다물게 한다음 베게를 높게하여 머리를 높힌 후 손과 발、팔과 다리 전신을 바로 잡는다。(전신을 철등분하여 묶어 시신을 바로 잡는다。)

③、시실내외에 철저한 소독을 하여야 한다。

④、칠성판이 마련되어 있으면 시체를 그위에 모시고 시상을 만들어 그위에 옮긴다。 짚자리를 깐 위에 비닐을 깔고 그위에 시상을 옮겨 병풍으로 가리고 그앞에 고인 의 사진을 모시고 촛불을 밝히며 향을 피운다。

(3)、發 喪

수시가 끝나면 가족들은 검소한 옷으로 갈아 입고 근신하며 애도 한다。지난 날에 는 머리를 풀고 맨발을 벗었으며 졸곡까지는 곡성을 그치지 않는 것을 상례로 하였 으나 요즈음은 그러한 일을 삼가하고 있다。 그리고 상가에서는 「忌中・喪家・喪 中」이라 써서 문밖에 붙인다。

(4)、喪 制

①、고인의 배우자와 직계가족은 상제가 된다。

②、主喪은 長子가 되고 장자가 없을때는 長孫이 承重하여 主喪이 된다。

③、고인에게 후손이 없을 때는 가장 가까운 近親者가 喪禮를 주재한다。

※ 承重은 돌아가신 분의 큰아들이 죽고 없으면 큰 손자가 主喪이 될 경우를 말한다。

(5)、成服과 服人

성복이란 喪主이하 喪制들이 상복으로 갈아 입는 것을 말하며 服人의 범위는 八寸

이내의 친족으로 한다.

※ 喪服의 격식은 다음에 설명하기로 한다.

(6)、護喪

상가에서는 호상소를 마련하고 主喪은 친족간이나 친지 중에서 喪禮에 밝고 경험이 많은 사람을 호상으로 전하여 부고와 장례에 대한 안내·연락·조객록·부의록·사망신고·매장(화장) 허가신청등 장례식에 관한 일체의 일을 관장한다.

호상은 상주를 대표하여 장례식에 대한 모든 일을 맡아 처리한다. 그리고 장례식 진행에 여러가지 일을 맡아볼 執事를 몇사람 정하되 그중에서 書記를 두어 訃告발송·조문객의 내왕·부의금의 수납 喪費出納등의 기록사무등을 처리하도록 한다.

(7)、訃告

葬日과 葬地가 결정되면 호상은 가까운 친척과 친지들에게 다음과 같은 書式에 의해 訃告한다. 그리고 官公署나 일반직장·단체명의에 관련된 訃告는 하지 않는다. 訃告를 전달하는 방법은 다음과 같은 요령에 의한다.

①、專人訃告 :: 사람을 직접 보내어 전달한다.

②、郵便訃告 :: 보통 우편을 이용하여 전달한다.

③、新聞訃告 :: 신문광고란을 통해서 알리고 개별부고는 생략한다.

※ 亡人의 칭호는 부고를 호상이 보내게 되므로 상주의 아버지이면 大人·어머니면 大夫人·할아버지면 王大人·아내면 閤夫人이라 쓴다.

訃　告

（姓　名）大夫人○○○氏　以急患不幸於今
月　日　　時別世玆以訃告

葬地　郡　面　里
發引　今　日　時
永訣式　月　日　時

　　年　月　日

嗣子　○○○
子　○○○
孫　○○○
腎　○○○
護喪　○○○上

○○○座下

訃　告

（姓　名）大人以宿患累月伸吟不幸於今
月　日　　時別世玆以專書訃告

　　年　月　日

護喪　○○○上

○○○座下

訃　告

（姓　名）大人以　月　日得疾不幸於　月
日　時棄世玆以專人訃告

　　年　月　日

護喪　○○○上

○○○座下

※ 老患은 노인이 돌아가셨을때 쓰고、 젊은이가 病으로 죽었을 때는 宿患、 뜻밖의 죽음에는 事故急死라 씀。

※ 別世를 棄世라고도 쓰며 사람을 직접보내어 전할때는 專人이라 고쳐 쓴다。

2、葬禮

(1)、小斂과 大斂

① 운명후 二十四시간이 지나면 다음과 같은 요령으로 입관 (入棺) 한다.

깨끗한 수건과 탈지면으로 시체를 닦아낸 다음 (습=襲) 故人의 깨끗한 手常服中

에서 식물성 의복 (무명・삼베) 또는 壽衣를 갈아 입히고 입관하는 것을 염 (斂)

이라 한다.

예전에는 小劍과 大劍으로 나누어 하는데 小斂은 사망한 이튿날 아침에 몸을 향물

로 깨끗이 닦고 壽衣를 입히는 일이며 大斂은 사망한지 사흘되는 아침에 입관하는

것을 말한다.

습염을 하자면 그에 필요한 여러가지 물건이 준비되어야 하는데 그 절차가 매우

복잡하다。따라서 요즈음에는 그와같은 물건을 다 갖추기 어렵고 또 까다롭기도

하여 간소화해서 한번에 끝내는 일이 많다.

습 (襲) 을 할때 주의할점은 조갑 (瓜甲) 랑을 五개 준비하여 좌우의 손톱과 발톱

을 섞이지 않고 좌우가 바뀌지 않게 담아서 시상밑에 보관했다가 입관할때 좌우가

바뀌지 않게 관속에 넣는다。 조갑낭 五개중 一개는 머리카락을 담는다.

壽衣는 한가지씩 입히기가 어려우므로 미리 속옷과 겉옷들을 겹쳐 아래옷부터 웃옷

까지 입히는데 옷고름은 매지 않으며 옷깃은 산사람과는 반대로 오른편으로 염한다.

그리고 염을 할때는 망인이 여자일 경우에는 경험있는 여자가 하는 것이다.

② 입관 할때는 관벽과 시체사이에 공간을 깨끗한 백지나 **麻布**로 체워 시체가 관안에서 흔들리지 않도록 해야 한다.

관속 밑바닥에는 지금 (**麻布**를 겹으로 만든 요) 을 깔고 「조갑랑」을 좌우 바뀌지 않게 넣고 그위에 시체를 넣고 공간을 잘 채운다음 천금 (**天衿**＝마포로 만든 홑이불) 을 덮고 이때 망인이 쓰던 애용품을 넣기도 한다.

관 뚜껑을 덮고 隱釘 (은정＝나무로 만든 못) 을 박는다. 이어서 棺上銘旌을 쓰고 노끈으로 結棺한다.

※ 염습할때 쓰고 남은 것과 불결한것 故人이 病中에 입었던 옷 따위는 모두 불에 태우는 것이 위생상 좋으며 쓰고남은 찌꺼기는 묻어버리는 것이 좋다.

※ 염습 하기전에 준비할 것
① 목욕물 ‥‥향나무 또는 약쑥을 삶은물 약 두 그릇
② 수의 (**壽衣**) ‥‥속적삼·속바지·바지·저고리·버선·다님·허리띠 행전 두루마기 등 (여자는 여자의복전부)

(2)、**靈座**

입관후에는 병풍이나 그밖의 가리개로 가려놓고 따로 결정한 곳에 영좌를 마련하고 故人의 사진을 모신다음 촛불을 밝히고 향을 피운다.

(3)、**銘旌**

영좌의 오른쪽에 **銘旌**을 만들어 세운다.

명정은 죽은 사람의 성명을 쓴 일종의 旗인데 이것은 온 축의 길이 2ᵐ 정도의 붉은 비단에 붓으로 아교풀과 회분이나 은분을 섞은 것으로 쓴다. 명정의 서식은 보통의 경우 남자는 첫머리에 學生, 여자는 孺人이라 쓰는데 이것을 현대적으로 쓰자면 官職에 있던 사람은 그 계급을 써도 좋고 雅號를 써도 좋다. 명정을 쓴 다음에는 위아래 끝에 대를 넣어 평평하게 하고 出喪전에는 영좌 東쪽에 세워두고 出喪時에는 장대에 달아 상여 앞에서 들고 상여를 인도하는 것인데 자동차를 이용할 경우에는 영구위에 덮는다.

○ 명정書式

송암김사현박사의널	농학박사단양우장춘의널	學生丹陽禹公之柩
蔚山金公相鮮之柩	郡守漢陽趙公之柩	孺人先山金氏之柩

(4), 喪 服

상제의 복장은 가정의례준칙에 따라서 구식 상복식은 약하고 대체로 다음과 같이 한다.

그러나 부득이한 경우에는 화려하지 않은 평상복의 정장으로 한다.

① 男子의 喪服

㉠ 한복일때는 흰옷, 흰두루마기 위에 麻布頭巾을 쓰거나 상장(喪章)을 가슴에 달고 흰 고무신을 신는다.

㉡ 양복인 경우에는 검은양복, 검은벽타이, 검은양말에 검은 구두를 신고 麻布喪章을 가슴에 단다.

② 女子의 喪服

㉠ 한복인 경우에는 흰 치마저고리에 흰 버선, 흰고무신을 신고 麻布喪章을 가슴에 달거나 머리에 꽂는다.

㉡ 양장일 경우에는 검은 양장에 검은 구두를 신고 麻布喪章을 가슴에 단다.

③ 상제 이외의 복인은 남녀 모두 화려하지 않은 평상복에 검은 상장을 가슴에 단다.

그리고 상복을 입는 기간은 葬日까지로 하되 喪章은 脱喪까지 다는 것을 원칙으로 한다.

(5), 吊 問

상제는 成服이 끝나야 조문을 받는다고 하지만 친한 사이라면 부고가 없더라도 곧 가서 장사를 지내는 일까지 돕도록 한다. 이 경우 성복하기 이전에는 상주에게만 인사하

— 207 —

고 故人에게는 절을 하지 않는다.

상가를 조문할 때는 扶助하는 뜻에서 돈을 賻儀하거나 香燭 또는 白紙등의 吊物을

가지고 간다. 이것은 護喪所를 통해 전한다.

喪家에 도착하면 안내를 받아 상주가 있는 靈座 앞에 가서 꿇어앉고 분향 再拜한다.

이 경우 故人과 대면한 일도 없고 잘 알지 못한 처지거나 여자인 경우에는 상주에게

만 인사해도 무방하다.

상주에게 절하면 상주도 함께 절하고 조객은 상주를 위로한다. 즉 「얼마나 슬프

십니까」 「참으로 뜻밖의 일이었읍니다」 등으로 그때그때의 사정에 따라 적당한 인삿

말을 하면 상주는 「감사합니다」 「죄송합니다」 「망극하옵니다」 등으로 자기의 심경

을 표한다. 이렇게 서로가 적당한 말로 인사가 끝나면 조객은 물러나온다. 조문은

脫喪이전에는 언제든지 할수 있다.

조문할때 예전처럼 곡을 할 경우에는 상주와 마주서서 하며 상주가 父母의 상일때는

애고애고 (보통은 아이고아이고) 하고 조객은 「허희허희 (보통 어이어이) 」한다.

(6)、賻儀狀

상가에 賻儀를 보낼때는 흰종이에 單子를 써서 봉투에 넣어 보낸다. 만일 단자를 쓰

지 않을때는 봉투 겉면에 物目을 표시한다. 조물인 경우에는 물품은 따로 싸고 單子

만 봉투에 넣어 보낸다.

※ 부의장에 쓰는 文句

○ 初喪때∷謹吊·賻儀·吊儀·香燭代·紙燭代 등

○ 小·大喪∷香典·典儀·菲儀·菲品·略禮 등

賻儀봉투

賻　儀

○○○ 宅　護喪所　入納

賻儀金을 보낼때

香燭代

金 五阡 원

年 月 日

○○○ 宅

○○○ 賻呈

護喪所　入納

賻儀봉투 (봉투만 쓸때)

賻　儀

○○○ 宅　護喪所　入納

金○○○○원)

吊儀

白紙式卷

年 月 日

○○○ 宅

○○○ 賻呈

護喪所　入納

(7)、輓章

만장은 輓詞라고도 하는데 죽은 사람을 슬퍼하여 글을 지어 비단에 써서 상가에 보내는 것을 말한다.

첫머리에 謹吊 或은 哀悼라 쓰고 만장의 本文을 쓴다음 끝에는 「本貫后人 姓名 哭輓

再拜」라 쓴다. 이같은 만장은 상여로 출상할때 銘旌 뒤에 행열을 짓게 한다. (요즈

음은 가정의 례준칙에 따라 금지되어 있다)

(8)、 葬 日

옛부터 장일에 관한 숫자는 짝수를 잘 쓰지않고 홀수를 써서 三、五、七、九일과 같이

지냈으며 가세나 身分、계급에 따라 장일을 길게 정했으나 요즈음은 대체로 三日葬을

지낸다.

(9)、 永訣式

영결식은 故人과 마지막 작별을 하는 儀式으로서 상가의 뜰이나 기타 편리한 곳에서

한다.

재래식 의식을 살펴보면 영구를 옮길때는 遷柩告辭를 읽고 영구 앞에는 酒果脯醢등으

로 祭床을 마련하고 먼저 喪主가 분향하며 술잔을 올리고 遺典告辭를 읽은 다음 再拜

한다. 그런뒤에 친척들과 조객들이 차례로 분향하고 배례한다.

이밖에 각자의 信仰에 따른 宗敎儀式으로 영결식을 하기도 한다.

예정된 시간에 영구를 式場에 옮기고 그옆에 銘旌을 세우고 젯상에 사진을 놓고 촛대

향로 향합등을 준비한다.

※ 靈輿 = 상여앞에 故人의 영혼을 모시고 가는 가마

一、 개식
一、 상주및상제들의분양재배
一、 고인의 약려보고
一、 조사
一、 조객분양
一、 호상 인사
一、 폐식

※ 啓殯祝 발인날 새벽에는 빈소에서 읽는다

金以吉 遷柩敢告

朝祖祝 영구를 내모신다는 뜻으로 사당에 고함

永遷之禮靈神不留今奉車柩式遷祖道

遷柩祝 영구를 내 모실때

今遷柩就輿敢告

遣奠祝 이제는 상여가 집을 떠나기 직전에
※ 아내와 아우이하의 喪일때는 敢告를 玆告라고쳐쓴다

靈輪既駕往即幽宅載陳遺禮永訣終天

※ 아내의 喪일때는 永訣終天을 〈不勝感愴〉, 아들의 喪일때는 〈心焉如燬〉 아우의 喪일 때는 〈非不自勝〉이라 고쳐 쓴다。

(10)、運柩

열결식이 끝나면 銘旌이 先導가 되어 功布、輓章、腰輿、侶行員、그리고 영구와 시종、상제、조객등의 차례로 묘지를 향해 발인하는데 이같은 절차는 상여로 운구할때의 경우이다。

상여로 운구할 경우 묘지까지 가는 도중에서 이른바 거리제라 하여 路祭를 지내기도
하는데 이것은 故과 친했던 조객이나 친척중에서 뜻있는 사람이 스스로 弔奠者가 되
어 祭物을 준비하여 지낸다.

운구도중 적당한 장소에 장막이나 병풍등으로 제청을 꾸미고 靈輿를 모신 다음 그 앞
에 제물을 차리고 상주이하 여러 服人들이 늘어서면 弔奠者가 분향하며 술잔을 올리고
꿇어 앉아서 祭文을 읽고 모두 再拜한다. 그러나 이러한 路祭는 요즈음은 지내지 않
는 것이 보통이다. 특히 都市에서는 영구차를 이용하기 때문에 불가능하다.

※ 路祭祝

維歲次　月　日朔　日　幼學　(吊奠者姓名)

敢昭　告于

(亡人의　本貫姓)　氏之靈平素厚德社會事業其功

不微永世不忘不自感愴謹以酒果供伸奠儀尙饗

위는 親戚、親友、其他의 사람이 亡
人을 위하여 운상도중에 모시는 路祭
(거리제)에 쓰는 祝文인데 某封某
氏의 아래 吊奠者가 亡人과의 情誼、
業蹟을 作詞하여 吊意를 표하는 祝文
이다.

⑾、穿壙과 告辭

천광이란 묘자리를 파는 일이며, 이것은 출상하기전에 준비해야 한다.

이때 土地神을 달래는 開土祭(山神祭)를 지내는데 대개 인부들이 땅에 술을 뿌리고

말로써 지낸다。그러나 위식을 갖추자면 酒果와 脯醢등으로 젯상을 차리고 開土告辭를
읽는다。이경우 묘자리 왼편에 南向하여 젯상을 차려 놓고 告辭者가 神位앞에 北向하
여 분향하고 再拜하며 술을 부어 놓고 開土告辭를 읽은 뒤에 재배한다。合葬할 경우에
는 男左女右로 한다。

○ 開土祭 (山神祭) 祝

維歲次　月　朔　日　幼學○○
　　　　　　　敢昭告于
土地乙神今爲學生○○○營建宅兆神其
保佑俾無後艱謹以淸酌脯醢抵薦于神尙
饗

穿壙 직전에 읽는
開土 (山神祭) 祭祝
이다。

○ 同剛先塋告辭

維歲次　月　朔　日　孤哀子○○
　　　　　　　敢昭告于
顯考學生府君之墓今爲顯妣孺人金海
金氏營建宅兆合窆于右謹以酒果用伸
虔告 謹告

※ 위의 告辭는 考位의 墓所에 妣位를 合窆할때
에는 쓰는 祝文이다。

※ 만일 祖考位의 墓所에 妣位를 階下葬할때에
는 顯考를 顯祖考라 쓰고 合窆右于를 顯祖
考之墓下(또는 階下) 라 쓴다。

※ 合窆于右를 左에 할때는 合窆于左라 하고
墓下에 할때는 墓下 또는 階下라 쓴다。

○ 同剛先塋告辭

先山內에 장사하려면 먼저 先塋에서 고사 지내는데 제일 윗대 어른이나, 묘자리와의 가장 가까운 분에게 지낸다.

(12)、停喪、下棺 및 成墳

停喪은 下棺할때까지의 기다리는 시간이 오래될 경우에는 차일 (포장) 이나 병풍등으로 墓上閣을 지어 停喪所를 마련한다. 그리고 영구가 도착하면 그곳으로 모시고 銘旌을 풀어서 관위에 덮은다음 喪人들이 마주서서 再拜한다.

穿壙의 준비가 다되면 下棺할 시간을 맞추어 結棺을 풀고 영구를 모시어 座向을 바르게 하여 銘旌을 관위에 덮고 天蓋、즉 灰、棟、松、竹등으로 만든 것을 덮어 弔土하고 誌石 (돌이나 사발에 亡人의 성명이나 약력을 쓰거나 새긴 標石) 을 묻고 성분한다.

(一) 慰靈祭 ∥ 返魂祭 ∥ 弔土祭

下棺時에 山弊 (폐백이라고도함) 를 드리는데 이것은 玄∥파랑실 纁∥붉은실을 상주가 주면 집사자가 현을 관의 동쪽 왼편에 훈은 서쪽 아래쪽에 놓고 상주가 再拜한다.

成墳이 끝나면 靈座를 분묘 앞에 옮겨 간소한 제수를 마련하고 분향헌작 讀祝、拜禮한다.

以上의 祭祀는 예전부터 성분을 告하는 土祭 或은 返魂祭 (土祭가 끝나면 상주는 魂魄을 모시고 귀가 한다) 라 한다.

維
歲次　月　朔　日　孤哀子○
　　　　　　　　敢昭告于
顯考學生府君形歸宅穿神返室堂神
主未成權奉紙榜(權奉尊影)伏惟
尊靈舍舊從新是憑是依

(어머니、할머니의 경우도 이에 준한다)

　　　　　년　월　일
　　　　아들(또는 손자) ○○은
아버님(또는 할아버님)영전에 삼가 고하나이다
오늘 이곳에 幽宅을 마련하였아오니 고이
잠드시고 길이 명복을 누리시옵소서

(13)、省墓와 虞祭

첫 성묘는 장례를 지낸 三日만에 가는데 예전에는 첫 성묘를 가기전에 먼저 虞祭를 지냈다。 虞祭는 혼백을 편안하게 모신다는 뜻으로 지내는 제사인데 初虞、再虞、三虞가 있다。

○ 初虞＝장사를 지내고 돌아온 직후 靈座에 혼백을 모시고 祭禮로써 지낸다。

○ 再虞＝장사지낸 그 이튿날 아침에 지내되 그날의 日辰이 剛日(甲、丙、戊、庚、壬)이면 그 다음날인 柔日(乙、丁、巳、辛、癸)에 지낸다。(대부분 再虞는 생략한다。)

○ 三虞＝再虞 다음날 즉 三日째 되는날 아침에 지낸다음 省墓를 한다。

○ 虞祭祝文

維 歲次 ○○○年○○月○○朔○○日○○孤子(또는 哀子)○○

顯考(妣)學生(孺人○○○氏) 日月不居奄及初虞

敢 昭 告 于

夙興夜處 哀慕不寧 謹以淸酌 庶羞哀薦祫事

尙

饗

※ 奄及初虞를 재우때는 奄及再虞、三虞때는 奄及三虞라 쓴다.

※ 祫事를 再虞때는 虞事 三虞때는 成事라 쓴다.

(14)、脫喪

예전에는 父母의 상을 당한 사람은 日常生活의 모든 행동을 근신하면서 喪禮와 祭禮로써 온갖 정성을 다하였다.

초상난 날로부터 만二年동안 복을 입고 每日 朝夕으로 上食하고 每月 朔望과 (初一日과 十五日) 名節에 차례를 지내며 小祥의 祭禮를 지내는 등 정성을 다하였다.

① 小祥

小祥은 초상난지 만一年되는 날에 지내는 제사인데 이때 아버지가 살아 계시고 어머니의 小祥인 경우에는 十一개월 되는 달의 첫丁日에 지내고 만一年되는 날에 大祥을 지낸다.

이때의 小祥을 練祭라 한다.

② 大　祥

大祥은 초상난지 만二년되는 날에 지내는 제사로서 이제사를 지낸 다음 喪服과 喪杖
靈座를 물린 폐기물등을 불태우고 脫喪한다.
그러나 지금은 父母、祖父母 및 배우자의 喪期는 운명한 날로부터 百日로 하고 그밖
의 경우에는 葬日까지로 하게 되어있고 喪期中에 几筵은 설치하지 않게 되어 있다.

※ 几筵 (궤연) ＝죽은이의 혼백이나 신주를 모셔두는곳 즉 靈座와 같음.

（가정의례준칙에 의함）

○ 小・大祥祝文

維
歲次○○○月○○朔○○日○○　고子 ○○
　　　　　　　　　　　　　　敢昭告于
顯考學生府君日月不居奄及小祥夙與
夜處哀慕不寧 謹以淸酌庶羞哀薦
常事尙
饗

※ 경우에 따라 初虞、再虞、三虞、小祥、
大祥、禫祭등으로 달리씀과 동시 小祥
때는 常事、卒哭에는 成事、初虞에는
祫事、再虞에는 虞事、三虞에는 成事、
大祥에는 祥事、禫祭에는 禫事라 각각
달리 쓴다.

※ 卒哭 (졸곡) ＝三虞가 지난뒤 즉 사람이 죽은지 三個月만에 오는 첫 丁日이나 亥日에
지내는 제사(요즈음 一年 脫喪을 하기위해 卒哭祭를 小祥으로 代行하기도 한다）

※ 禫祭 (담제) ＝初喪으로부터 二十七個月만에 곧 大祥을 치른 다음 다음달 하순의 丁

日이나 亥日에 지내는 제사。父가 생존한 母喪이나 妻喪의 경우에는 初喪후 十五

個月만에 지낸다。(禫祀라고도 함)

이 담제를 마침으로서 상기가 완전히 끝나는 것이다。

○ 練祭祝文

維

　歲次○○○月○○朔○○日○○夫○○○　　　昭告于

亡室儒人○○○氏日月不居奄及練祭悲悼酸

苦不自勝堪玆以淸酌庶羞凍此哭儀尚

饗

二、祭禮凡節

1、忌 祭

忌祭는 매년 사망일에 지내는 제사로서 옛법에 따르면 닭이 울기전인 子時正, 즉 밤十一

時부터 一時사이에 지낸다。그리고 옛부터의 기제대상은 四代까지 즉 高祖까지를 宗家의

방안에서 지내고 五代祖이상은 기제사를 물리고 門中의 친족들이 모여서 歲一祭로 지내는

깃을 원칙으로 하며 기제사는 다음과 같은 절차에 따라 지낸다.

① 神位奉安＝사진 또는 지방을 모신다.

② 焚香降神＝제주는 분향하고 茅沙에 술을 따르고 再拜한다.

③ 參神＝參祀者는 함께 신위앞에 再拜한다.

④ 獻酌＝獻酌은 初獻、亞獻、終獻의 三獻을 하게 되어있으나 요즈음은 家庭儀禮準則에 依하여 單獻을 原則으로 한다.

⑤ 讀祝＝예전에는 初獻 다음에 讀祝하고나서 제주는 再拜한다.

⑥ 挿匙(삽시)＝삽시후 闔門을 한다. 요즈음은 합문하지 않고 묵념한다.

⑦ 獻茶＝국을 숭늉으로 바꾸고 매를 물에 만다음 잠시 부복한다.

⑧ 撤匙覆飮＝수저 및 저를 걷운 다음 밥그릇개를 덮는다.

⑨ 辭神＝참사자는 모두 再拜한다.

⑩ 神位奉還＝사진이면 거두고 지방은 축문과 함께 불사른다.

⑪ 撤床＝젯상을 거둔다.

※ 향불을 피우는 것은 혼을 맞이한다는 뜻이고 茅沙器에 술을 따르는 것은 地上을 상징하며 넋을 맞이한다는 뜻이라 한다.

(1)、紙榜

지방이란 白紙로 만든 神主이다.

요즈음은 흔히 故人의 사진을 모시지만 옛날에 돌아가신 분들은 사진이 없으므로 지방으로써 神位를 모시지 않을수 없다。

그리고 두분을 모시게 될때는 지방도 둘을 만들어 모시는 것이 옳으나 요즈음은 내

개 한 紙榜에 두분을 써서 쓴다。 지방은 붓글씨로 쓰며 아주 작은 글자로 써야 한

다지만 굳이 구애될 필요는 없다。

남편의 지방	父母兩位지방	아버지單位지방
顯辟學生府君神位	顯妣孺人慶州崔氏神位　顯考學生府君神位	顯考學生府君神位

아내의 지방	祖父母忌祭지방	어머니單位지방
亡室孺人慶州金氏神位	顯祖妣孺人光山金氏神位　顯祖考學生府君神位	顯妣孺人慶州崔氏神位

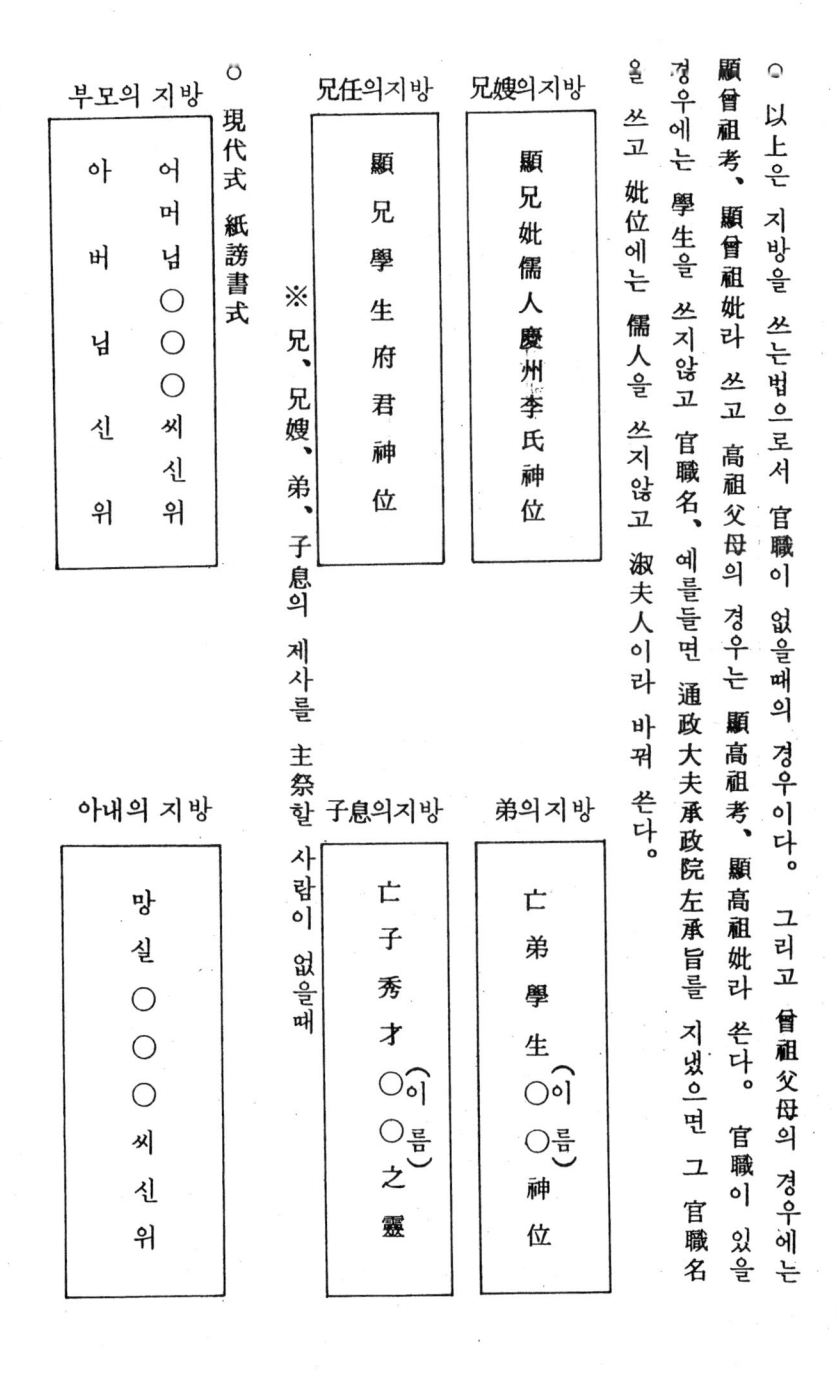

○ 以上은 지방을 쓰는법으로서 官職이 없을때의 경우이다. 그리고 曾祖父母의 경우에는 顯曾祖考、顯曾祖妣라 쓰고 高祖父母의 경우는 顯高祖考、顯高祖妣라 쓴다. 官職이 있을 경우에는 學生을 쓰지않고 官職名、예를들면 通政大夫承政院左承旨를 지냈으면 그 官職名을 쓰고 姒位에는 儒人을 쓰지않고 淑夫人이라 바꿔 쓴다.

兄嫂의지방
顯兄姒儒人慶州李氏神位

兄任의지방
顯兄學生府君神位

○ 現代式 紙謗書式

부모의 지방
어머님 ○○○씨 신위
아버님 신위

※ 兄、兄嫂、弟、子息의 제사를 主祭할 사람이 없을때

弟의지방
亡弟學生 ○○(이름) 神位

子息의지방
亡子秀才 ○○(이름)之靈

아내의 지방
망실 ○○○씨 신위

－221－

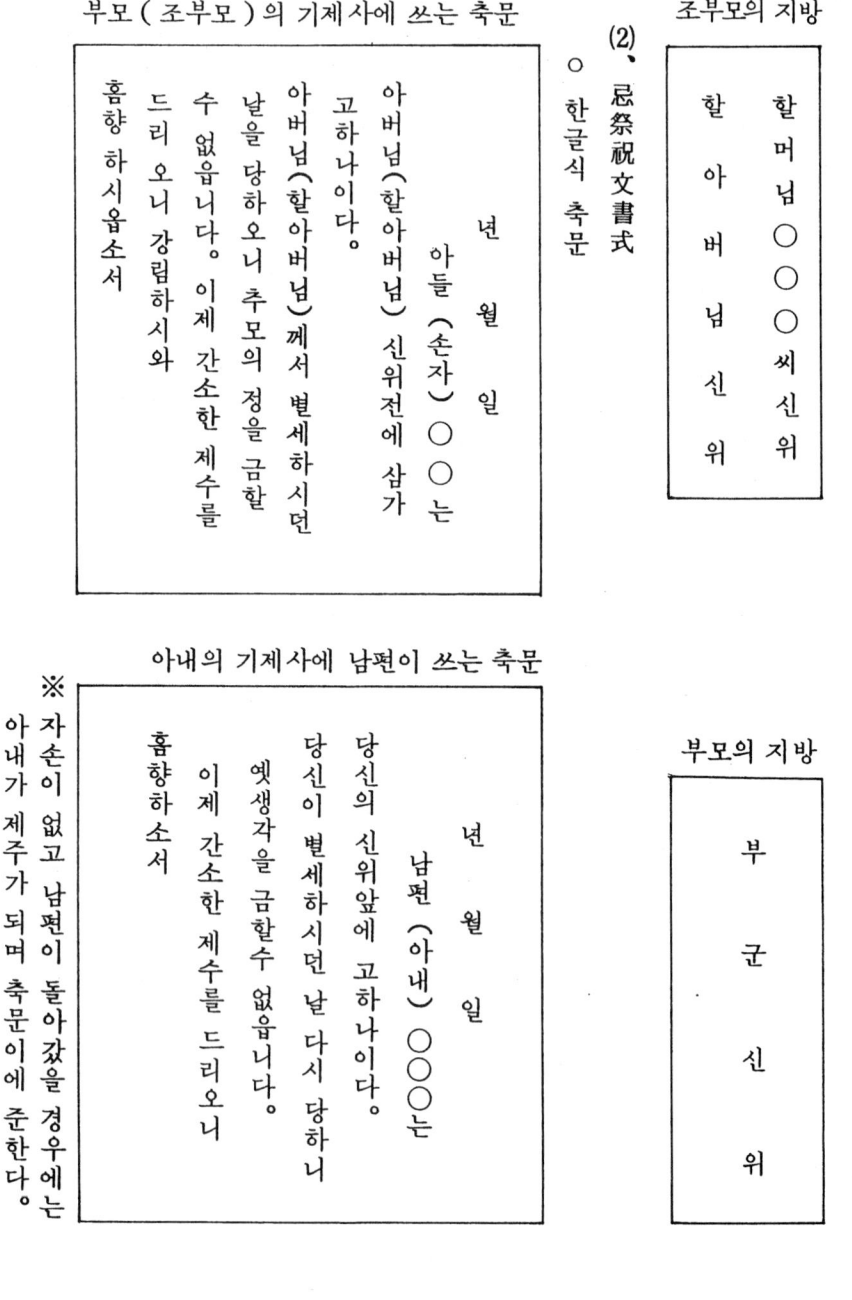

(2)、忌祭祝文書式

○ 한글식 축문

할머님 ○○○ 씨 신위

할아버님 신위

부모 (조부모) 의 기제사에 쓰는 축문

아버님 (할아버님) 신위전에 삼가 고하나이다.

아버님 (할아버님) 께서 별세하시던 날을 당하오니 추모의 정을 금할 수 없읍니다. 이제 간소한 제수를 드리오니 강림하시와 흠향하시옵소서

년 월 일

아들 (손자) ○○ 는

부모의 지방

부 군 신 위

아내의 기제사에 남편이 쓰는 축문

당신의 신위앞에 고하나이다.

당신이 별세하시던 날 다시 당하니 옛생각을 금할수 없읍니다.

이제 간소한 제수를 드리오니

흠향하소서

년 월 일

남편 (아내) ○○○ 는

※ 자손이 없고 남편이 돌아갔을 경우에는 아내가 제주가 되며 축문이에 준한다.

○ 祖父母의 忌祭에 쓰는 祝文

維歲次 ○○○月○○朔○○日○○孝孫○○
　　　　　　　　　　　　敢昭告于
顯祖考學生府君
顯祖妣孺人○○○氏 歲序遷易
顯祖考諱日復臨 追遠感時不勝永
慕謹以清酌庶羞恭伸奠獻尚
饗

※ 曾祖父母、高祖父母의 祝文도 이와같은
書式으로 쓰는데 曾祖、高祖의 구분만바
꾸어 쓴다。歲序遷易 다음에 顯祖妣는
祖考의 제사이면 顯祖考、祖妣의 제사이면 顯祖妣라 쓴다。

○ 父母의 忌祭에 쓰는 祝文

維歲次 ○○○月○○朔○○日○○ 孝于 ○○
　　　　　　　　　　　　敢昭告于
顯考學生府君
顯妣孺人○○○氏 歲序遷易
顯妣諱日復臨 追遠感時昊天岡極
謹以清酌庶羞恭伸 奠獻尚
饗

饗
維歲次○○○月○○朔○○日○○婦○○
　　　　　　　　　敢昭告于
顯辟學生府君歲序遷易諱日復臨
追遠感時不勝感愴謹以淸酌庶羞
供伸奠獻尚

○ 아내의 忌祭에 남편이 쓰는 祝文

饗
維歲次○○○月○○朔○○日○○夫○○○
　　　　　　　　　敢昭告子
亡室儒人○○○氏 歲序遷易亡日復至
追遠感時不自勝感妓以淸酌庶羞伸此
奠儀尚

(3)、祭差 (제수)

제수를 차리는데는 각 가정의 형편에 따라 다르며 일정할 수는 없지만 예부터 쓰여져 온 제수의 종류는 대체로 다음과 같다. 그러나 어디까지나 무리가 가지 않도록 평상시의 간소한 반상 음식을 쓰도록 해야 할 것이다.

그리고 제수를 차려놓는 위치에도 그 격식이 있는데 그것을 「진설도」에서 본다면 제사를 지내는 사람의 위치에서 오른쪽을 東쪽, 왼쪽을 西쪽이라 하면서 다음과 같은 요령에 따라 진설한다. 그러나 그러한 격식보다 자연스럽게 진설하는 것이 보다 바람직 할 것이다.

○ 左脯右醢 (좌포우혜) : 포는 왼쪽에 식혜는 오른쪽에 놓는다.

○ 魚東肉西 (어동육서) : 어물은 東쪽에 肉類는 西쪽에 놓는다.

○ 頭東尾西 (두동미서) : 생선의 머리는 東쪽을 향하게 놓고 꼬리는 西쪽을 향하게 놓는다.

○ 紅東白西 (홍동백서) : 과일이나 造果의 붉은것은 東쪽에 흰것은 西쪽에 놓음.

○ 참신전에 먼저 造果、과실、脯醢、나물、김치、간장、저범、잔、초동을 젯상위에 차려 놓고 그앞에 향합、향로、모사기등을 마련해 놓는다.

○ 참신전에 진설한 제수이외의 더운김나는 제수 (국수、메、국、탕 등) 는 참신하기 직전에 김이 나도록 하여 올리는데 이것을 進饌 (진찬) 이라 한다.

-225-

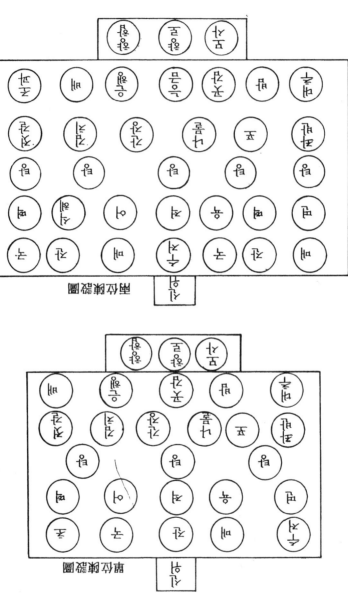

(4)` 節祀 (合祭)

절사는 추석날 아침에 지내는 茶禮인데 그 내용을 간추려 보면 다음과 같다.

① 절사의 대상은 직계 조상이 된다.

② 절사는 제주의 집에서 지낸다.

③ 제주는 종손이 되며 제사를 주재한다.

④ 참사자는 직계자손이 된다.

⑤ 신위는 지방으로 한다.

⑥ 봉사대상을 합사 (合祀) 한다.

⑦ 지방은 붓으로 백지에 쓴다.

⑧ 절사의 축문은 다음과 같다.

○ 節祀의 祝文

년   월   일

후손 ○ ○ 는

선조 여러어른신위전에 삼가 고하나이다

오곡이 무르익은 추석절을 맞이하니

여러

선조님의 높으신 은덕을 새삼 느껴지며 추모

의 정이 더욱 간절하여 집니다.

이에 간소한 제수를 드리오니 강림하시와

흠향하시옵소서

◈ 편 저 ◈

배 성 한
· 대한역학풍수연구학회 이사장(전)

정 석 택일명감	정가 16,000원

2014年 7月 10日 인쇄
2014年 7月 15日 발행

편 저 : 배 성 한
발행인 : 김 현 호
발행처 : 법문 북스
　　　　 〈한림원 판〉
공급처 : 법률미디어

152-050
서울 구로구 경인로 54길 4
TEL : (대표) 2636-2911, FAX : 2636~3012
등록 : 1979년 8월 27일 제5-22호
Home : www.lawb.co.kr

▎ISBN 978-89-7535-289-8 (93180)
▎파본은 교환해 드립니다.
▎본서의 무단 전재·복제행위는 저작권법에 의거, 3년 이하의
　징역 또는 3,000만원 이하의 벌금에 처해집니다.